사장의 **원점**

마음, 인간, 사회를 관통하는 경영철학

『KONOMICHIWO AYUMU』

Copyright ⓒ 2007 by Ryo Satoh

All rights reserved.
Original Japanese edition published by JEMCO NIHONKEIEI, LTD.
Korean translation rights arranged with JEMCO NIHONKEIEI, LTD. Japan.

이 책의 한국어판 저작권은 저자와 독점 계약한
도서출판 페이퍼로드에 있습니다.
저작권법에 의해 한국 내에서 보호를 받는 저작물이므로
무단 전재와 무단 복제를 금합니다.

佐藤良, この道を歩む：經營の王道, ジェムコ日本經營, 2007

사장의 원점

마음, 인간, 사회를 관통하는 경영철학

CEO's BASICS

사토 료 지음 | 박정임 옮김

페이퍼로드
paperroad

| 한국어판 발간에 부쳐 |

사장의 원점은 '사람 만들기'와 '체질 만들기'

　기업 경영의 목적은 이익 창출에 있다는 게 통상의 생각이다. 그러나 이 책의 저자 사토 료는 그렇지 않다고 주장한다.
　"이익은 수단이며 결과이지 그 자체가 목적이 아니다. 경영의 진정한 목적은 '정(正), 선(善), 애(愛)'를 기반으로 한 '사람 만들기'와 끊임없는 '개선과 개혁'을 기반으로 한 '체질 만들기'를 통해서 사업을 발전적으로 전개시키는 것이다"라는 것이 사토 료의 경영철학이다. 한마디로 기업의 최고경영자인 사장이 근본이 서고(正), 바르고(善), 타인에 대한 관용과 존중의 마음(愛)이 있어야 다양한 고객의 사랑 속에 100년 기업을 키울 수 있다는 게 저자의 근본 생각이다. 일본 최고의 컨설팅사인 JEMCO의 창업자인 저자의 이러한 경영철학은 어느 시대에 있어서도 통용되는 기업 경영의 본질이라고 감히 생각한다.
　지난 30년 가까이 JEMCO사는 사외보인 『JEMCO 뉴스』

를 발간하고 있는데 본서는 창업자 사토 료가 집필한 칼럼 가운데 정수만을 모아 발간한 것이다. 『JEMCO 뉴스』는 주로 기업 경영자나 관리직에 있는 분들이 애독해 왔는데, 특히 저자의 칼럼이 많은 사랑을 받았다. 한국에도 상당수의 기업인들이 애독한다는 소식을 접한 바 있다. 칼럼의 주된 내용은 저자가 만난 기업인들이나 경영자들과의 에피소드를 바탕으로 주로 경영, 매니지먼트에 관련된 '사람'에 초점을 맞춰 사토 료 자신의 철학과 생각을 펼친 것이다.

『원점에 서다』『살아남는 회사』의 한국어판이 과분한 사랑을 받아 큰 영광으로 생각했는데 저자의 최근작이 다시 발간되어 기쁨이 더욱 크다. 한국의 경영자들이 자신들의 기업을 경영하는 데 이 책에 펼쳐져 있는 사토 료의 경영철학이 실제적인 도움이 되길 바란다.

2008년 6월
주식회사 JEMCO 일본경영
대표이사 사장 사토 아오이(佐藤葵)

| 차 례 |

한국어판 발간에 부쳐

I. 경영자의 마음 경영

- 단 하나에 집중하라 _10
- 프로페셔널 _15
- 믿음은 최고의 상도 _22
- 5.5 라운드의 열정 _29
- 법과 규칙을 앞서는 인간의 마음 _35
- 경영의 왕도 _42
- 경영철학 없이는 경영도 없다 _49
- 전문가가 아닌 경영자가 돼라 _57
- 인격과 경영 _62
- 자연의 지혜와 경영 _69
- 지금 이 순간에 몰입하라 _75

II. 정(正), 선(善), 애(愛)의 인간 경영

- 질풍이 불어야 강인한 풀을 알 수 있다 _ 82
- 사람을 대하는 마음가짐 _ 89
- 공이 과를 이길 때 _ 96
- 남의 지혜를 잘 쓰는 사람이 진짜 경영자 _ 103
- 선택 받는 경영자 _ 110
- 인간의 정(正), 선(善), 애(愛) _ 115
- 관용은 대중을 얻는다 _ 122
- 경영자에게 가장 중요한 네 가지 요소 _ 134
- 싱귤러 포인트를 넘겨라 _ 141

III. 개혁, 혁신의 기업 경영

- 회의는 춤춘다 _ 148
- 기업의 고삐를 쥔 경영자 _ 156
- 의식개혁이란 무엇인가 _ 162
- 의식개혁은 혁명처럼 _ 167
- 개혁은 현상 부정에서 시작한다 _ 175
- 원점에 서서 목적을 생각한다 _ 182
- 불가능은 없다 _ 188
- 강력한 리더십을 최후의 최후까지 _ 195

에필로그, 이 길을 걷는다 _ 203

사장의 원점 >>> 마음, 인간, 사회를 관통하는 경영철학

I. 경영자의 마음 경영

> "
> 경영자가 어떠한 시련에도 쓰러지지 않는 확실한 철학을 가지고
> 있어야 함은 기본이다. 그렇지 않으면 하는 일 모두가 사상누각이 된다.
> 경영자를 비롯한 관계자 모두가 확고한 경영철학을 확립하고 개혁하는 경우와,
> '하라고 하니까 한다' '회사를 위한 것이라니 어쩔 수 없다'라는 기분으로
> 개혁하는 경우는 그 가치나 성과의 차이가 비교할 수 없을 정도다.
> "

단 하나에 집중하라

풀꽃 한 송이도 집중의 산물 | 어느 저명한 시인이 이런 글을 썼다.

"실제 식물 염료의 색은 천차만별이다. 그런데 어느 것 하나 쓸모없는 빛깔이 없다. 그 다양한 색감을 보고 있노라면 자연이 숨기고 있는 조화로운 풍요로움에 놀라지 않을 수 없다. 벚나무의 흑갈색 껍질을 태워 염료액을 만들면 살며시 상기된 듯한 벚꽃색을 얻을 수 있다고 한다. 하지만 늘 똑같은 색이 나오는 건 아니다. 벚나무가 꽃을 피우는 시기의 나무껍질을 끓여야만 가장 섬세한 벚꽃색을 얻을 수 있다고 한다. 벚나무는 뿌리에서, 껍질에서, 수액과 기둥에서도 온몸을 바쳐 그 아리

따운 색으로 변모하려는 것이다… 꽃잎 한 잎에서 나무 한 그루 전체의 본질을 볼 수 있다는 것은 감동적이다."

산과 들을 향기롭게 뒤덮고 있는 나무 한 그루나 풀 한 포기의 잎사귀 하나, 가지 하나, 기둥, 뿌리 끝에 이르기까지, 오로지 꽃을 피우고 열매를 맺으려는 단 하나의 목적을 향해 매일매일 일하고 있다고 생각하면, 길가의 이름 모를 풀에도 생명의 사랑스러움이 느껴진다. 자연처럼 이렇게 한 가지 마음만 품고 그것에 모든 에너지를 기울이는 삶을 살 수 있는 사람이 과연 몇이나 될까.

단 한 곳만으로 향하는 마음 | 나는 어린 시절, 돌아가신 아버지께 이런 말씀을 들었다.

"동시에 여러 가지를 하려고 생각하지 마라. 하나씩 하나씩 해나가면 반드시 이룰 수 있으니까."

나에게는 다음과 같은 학창시절의 괴로운 추억도 있다. 1학기 물리 시험 당일, 실수로 그날이 시험 날이라는 걸 잊고 있었던 나는 아무것도 쓰지 못한 백지 답안지를 제출해야만 했다. 선생님은 당장 나를 불러 말씀하셨다.

"사토, 어쩔 생각이냐. 백지를 냈으니 이번엔 0점이다. 평균 50점은 넘어야 낙제를 면하니 2학기에 100점을 맞아야만 간신히 진급할 수 있는 상황이야."

나는 즉시 대답했다.

"100점을 맞겠습니다."

그후 내 머릿속은 물리에서 100점을 맞는 것으로 꽉 차서, 공부 시간의 대부분은 물리로 채워졌다. 이렇게 해서 2학기 물리 시험은 100점을 받아 겨우 진급할 수 있었다. 지금도 가끔 그때의 경험이 꿈에 나타날 때가 있다. 그 새하얀 답지를 노려보던 때의 아프고 분한 마음, 그리고 100점을 향해 온 에너지를 쏟아 부었던 시간.

오늘날 세상의 여러 경영자를 만나면서 이 분은 훌륭한 사업가라고 생각하게 되는 사람들에게는 몇 가지 공통점이 있다. 그 중 하나가 사업에 대한 '한 점 집중'이다. 회사 전체의 수많은 경영 과제 속에서 가장 중점적인 과제로 범위를 좁혀, 다른 많은 과제나 개별적인 문제 처리는 믿을 만한 다른 이들에게 맡기고 자신은 그 중점 과제에 집중한다. 과제에 대한 설명과 설득으로 과제 참여자 전원의 이해를 구하고, "그건 그렇지만…"이라고 말하는 사람은 그 일에서 빼낸다. 이렇게, 해야 할 일을 하나로 좁혀 마음이 향하는 곳, 마음의 벡터(vector)를 하나로 합한다. 그리고 그렇게 좁힌 유일한 목표를 향해 혼신의 힘을 기울인다. 이것은 단순해 보이지만 실로 굳세고 강인한 의지가 요구된다. 때로는 피를 토하는 마음의 도박이 되기도 하고, 투쟁이 되기도 한다. 한번 결심하면 그것을 향해 돌진해야 한다. 안이한 대체안이나 타협안으로 도망쳐서는 안 되는 것이다.

경영의 신(神)이라 불리던 한 경영자는, "나는 가정 형편으로 초등학교 사학년까지밖에 학교의 학문을 배우지 못했다. 그러나 무언가를 할 때에는 언제나 그것에 정신을 집중한 덕분에 성공할 수 있었다"라는 말을 했다. 중세의 철학자 스피노자는 "불가능하다고 생각하는 것은 사실 자신이 그것을 하고 싶지 않기 때문이다"라고 말했다. 또한 데카르트도 "좋은 정신을 가진 것만으로는 충분치 않다. 중요한 것은 정신을 잘 다스리는 것이다"라고 말했는데, 정말로 함축적인 의미가 담긴 말이라고 생각한다.

프로페셔널

프로는 어떤 상황에서든 프로다 | 하와이에서 돌아오는 비행기에서 두 사람의 유명한 희극배우가 내 오른쪽 앞좌석에 앉아 있었다. 이륙하고 식사가 나올 때까지는 둘이서 무언가를 이야기하고 있었지만, 식사가 끝나자 피곤했는지 곧바로 편안한 자세를 취하고 잠이 들었다. 잠시 후 기장과 스튜어디스가 와서 두 사람을 깨우고는 무언가를 부탁했다. 두 사람은 바로 "알겠습니다"라고 대답하고는 어딘가로 사라졌는데, 십 분 정도 지나고 돌아왔을 때에는 기장의 제복을 입고 모자를 쓰고 있었다.

두 사람은 우리들을 향해서 "어떻습니까, 어울립니

까?"라며 친근하게 말을 걸고는, 스튜어디스를 동반한 채 다른 좌석 쪽으로 사라졌다. 잠시 후 폭소가 들려왔는데, 사람들에게 웃음을 선사하고 함께 사진 촬영을 해 주고 있는 듯했다.

긴 여행의 한 순간, 많은 승객의 마음을 편안하게 해 주기 위해서 자신들의 피로는 전혀 신경 쓰지 않고 분장을 한 것이다. 희극배우로서 다른 사람들에게 웃음을 선사하는 것을 천직으로 여기고 언제 어떤 상황에서든 그 서비스 정신을 잃지 않는 모습에 마음 깊이 감탄했었다.

자신에게도 타인에게도 엄격한 프로 | 이미 십 수 년 전, 시코쿠(四國)에 있는 어떤 회사에서 오랫동안 진행했던 프로젝트의 컨설팅을 끝마쳤을 때의 일이다. 그 회사의 사장은 무척 기뻐하며 "이 지역은 신선한 해산물이 자랑이니, 부디 드셔 보시기 바랍니다. 오늘밤에는 저도 함께 하고 싶습니다"라며, 그 마을에서 최고로 여

기는 음식점으로 안내해 주었다.

여주인이 들고 온 커다란 접시에는 현지의 업자를 통해서 직접 구입했다는, 화려한 색상의 해산물이 가득 담겨 신선하게 빛나고 있었다. 과연 평판 그대로 최고의 식예술이라는 감탄이 저절로 나왔다. 그때 사장이 접시 한편에 놓인 와사비에 젓가락을 가져가면서, "이건 인스턴트 와사비?" 하고 물었다. 그러자 여주인은 "예, 공교롭게도 오늘은 생(生)와사비가 떨어져서요"라며 대수롭지 않게 대답했다. 그러자 그 순간 사장의 얼굴색이 변했다.

"이따위 것을 먹으라고!"

크게 화를 내고 자리를 박차고 일어난 그는 내게 "선생님, 다른 곳으로 갑시다"라고 말하며 방을 나섰다. 그 험악한 분위기에 여주인은 어찌할 바를 모른 채 멍하니 있었다. 나 역시 온후한 사람이라고 생각했던 사장의 갑작스런 폭동에 내심 당황스러움과 실망이 섞인 감정을 느끼며 그의 뒤를 따랐다.

이 사건은 지금도 선명하게 뇌리에 새겨져 있다. 그

정도로 강렬한 인상을 남기고 있는 것인데, 지금은 느낌이 그때와는 사뭇 다르다. 당시 '거만하고 횡포하다'고 느꼈던 사장의 태도를 지금에 와서는 이해할 수 있게 된 것이다. 최소한 그 격노의 진의가 짐작되는 듯한 느낌이 드는 것은 나 자신이 당시의 그 사장과 동년배가 되었기 때문일까.

일생에 한 번뿐인 만남이라는 심정으로 맞이하는 여주인, 최고로 맛있는 것을 기대하며 찾아가는 손님, 그 기대에 부응하고자 식칼에 마음을 맡기는 주방의 사람들, 이 모두는 긴장감으로 연결되어 있다. 그런데 여기서 화룡점정을 빠뜨렸다고 할까. 마지막으로 장식된 와사비를 이류품으로 끼워 넣은 조리사의 불성실한 마음, 그리고 그 중대한 과실을 깨닫지 못하고 태연스럽게 "예, 생와사비가 떨어져서요"라고 대답해 버린 여주인의 무신경에 그 사장은 무언가 마음의 접점이 툭하고 끊어지는 듯한 쓸쓸함과 슬픔이 복받쳤을 것이다.

엄격한 수련을 쌓아 일류라고 칭송되는 사람들은 스스로에 대한 자부심과 자신감을 갖고 있어야 한다. 그것은 일류라고 불리는 음식점도 마찬가지다. 사장은 단지 화를 낸 것이 아니라 손님인 나를 충분히 만족시켜주지 못했던 것에 마음속 깊이 안타까워하고 있었던 것이라고, 지금에서야 깨닫는다. 그리고 일에 있어서는 자신에게도 타인에게도 엄격하게 임했던 사장의 인품이 그립게 떠오르는 것이다.

마음에서 우러나는 프로 정신 | 위의 음식점과는 전혀 반대의 예를 들어 볼까 한다. 홋카이도에 강연을 갔을 때의 일이다. 오랜만에 온천 여관에서 잠에 푹 취해, 눈을 떴을 때는 이미 9시가 다되어 가고 있었다. 8월이라 태양이 완전히 떠올라 마치 한낮 같았다. 강연회는 오후 1시부터였기 때문에 시간적인 여유는 있었지만, 서둘러 아침 식사를 주문했다. 여관의 아침 식사는 대체로 어디든 마찬가지로 계란, 김, 생선구이 등이 나온다. 그런데 이 여관은 조금 달랐다. 특히 눈에 띄었던 것은 생선구이가 아니라 이제 막 구워 따뜻한 작은 은어에 장

식되어 있던 커다란 나팔꽃 한 송이였다.

나팔꽃의 덩굴은 젖은 알루미늄 포일에 싸여 있었으며, 흰색과 푸른색의 꽃이 아주 싱싱하게 피어 있었다. '어, 조화인가?' 생각했지만, 만져 보니 물이 튕길 듯 싱그러운 생화였다.

'잠깐, 벌써 9시 30분이잖아. 나팔꽃이라면 이미 시들해질 시간인데, 어떤 종류의 나팔꽃인 걸까?'

이상하게 생각되어 식사가 끝나고 난 후 종업원에게 물었더니 그가 답했다.

"손님께서 아침 식사를 주문하셨을 때 곧바로 은어를 굽기 시작하고, 다 구워질 즈음에 어두운 창고에서 나팔꽃 한 송이를 꺼내 꽃봉오리가 핀 것을 곧바로 올린 것입니다."

이것이야말로 일식의 진수, 궁극의 친절, 마음을 따뜻하게 하는 접대가 아니겠는가. 나는 식사가 끝난 후, 이 진정한 프로 요리사에게 깊은 감사의 뜻을 전했다.

프로페셔널이라 불리는 사람들에게는 일반인과는 다른 재능이나 최고의 진수를 배우고 유지하기 위한 엄격함이 늘 요구된다. 나도 한 달에 한 번은 모든 사원들을 모아 놓고 "해결안이 보이지 않는 어떤 상황이라도 불가능한 이유를 대거나 타협을 해서는 안 된다. 어떻게 하면 가능할까, 가능하게 하기 위해서는 무엇을 해야만 하는가, 어떻게 하면 지혜를 모을 수 있을까만을 생각하라"고 계속해서 경종을 울리고 있다. 엄격함이라는 기준을 스스로 달게 받도록 하자. 그것은 우리들이 선택한 프로의 길이기 때문이다.

믿음은 최고의 상도

사소한 말실수까지 책임지는 상도 | 타이베이 시 교외의 고미술품점을 방문했을 때의 일이다. 중국 대륙의 전쟁으로 장제스(蔣介石) 전 총통과 함께 타이완으로 온 사람들 가운데에는 가지고 온 그림이나 골동품을 파는 사람도 많다고 들었는데, 이 가게에는 정말 훌륭한 작품이 많았다.

이층에서 삼층으로 올라가는 계단의 벽에 두 폭의 크고 작은 남종화(南宗畵)가 있었는데 훌륭한 작품이라고 느껴지는 쪽에는 〈추산심은(秋山深隱)〉이라는 제목이 붙어 있었다. 그 그림에 매료되어 걸음을 멈추고 있자 점원이 다가와 구입을 권유했다. 그 남종화가 마음에 들기는 했지만 너무도 높은 가격이기에 농담으로 "이 가격이라면 사겠지만"이라며 말도 안 되게 낮은 가격을 말했다. 그리고 웃으면서 일층으로 내려갔는데 어느새 그 점원은 사라지고 없었다. 십 분 정도 지났을 무렵, 그 점원이 다시 나타나서 깜짝 놀랄 말을 했다.

"사장님의 허락을 얻었으니 고객님이 말씀하신 가격에 팔겠습니다."

"그런 말도 안 되는 가격에요? 농담이시죠?"라고 몇 번을 말해도 "아니, 진짜입니다"라고 진지한 얼굴을 한다. 도대체 가격의 기준이 어떤지는 알 수 없지만, 그러면 감사히 받겠다고 하고는 계산대에 가서 돈을 지불했다. 액자는 벗겨내고 그림만 포장해서 인사를 하고 돌아서려 하는데 그때 막 삼층에서 달려 온 사장이 "잠시만 기다려주십시오"라고 말했다. 사장과 점원이 중국어로 이야기하고 있는 모습이 심상치 않았다. 이유는 바로 알 수 있었다. 역시 가격이 문제였다. 점원이 사장에게 내가 제시한 가격을 전했을 때 그는 그것이 작은 쪽 남종화 가격이라 생각했다고 한다. 그 그림의 가격은 내가 제시한 가격과 비슷했기에 사장이 흔쾌히 허락했던 것이다.

"역시 그렇죠? 어쩐지 너무 간단하게 풀린다고 생각했습니다."

그림을 돌려주고 돈을 되돌려 받으려고 하자, 사장이 냉정하게 말했다.

"이 점원은 우리의 사원입니다. 제가 지레짐작으로 실수했지만, 저희는 이미 그림을 넘겨 드렸고 손님은 돈을 지불하셨으니 이 그림은 손님 것입니다. 되돌려 받을 수 없습니다."

내가 "인간은 실수를 할 수 있습니다. 잘못을 되돌리는 데 주저함이 있어서는 안 됩니다"라고 말했지만, "상도(商道)의 첫번째는 믿음(信)입니다"라며 결코 양보하려 들지 않았던 것이다. 그 남종화는 지금도 우리 집에 걸려 있다. 그 그림을 볼 때마다 그 사장이 말했던 '상도는 믿음'이라는 말을 떠올린다.

정반대의 예도 있다. 작년 말에 도쿄의 한 유명한 고급 전문점에서 모피로 된 소파 시트를 발견했다. 응접실

소파에 적당할 것 같았지만 사이즈가 맞을지는 알 수 없었다. 그래서 점원에게 이틀 후 집으로 배달해 주면 크기를 맞춰 보고 적당하면 구입하겠다는 약속을 하고 돌아왔다.

그런데 약속했던 날이 되어도, 그 다음날이 되어도 소파 시트는 오지 않았다. 전화로 문의를 해보자, 담당 점원이 "저희 쪽에 실수가 있어서, 다른 점원이 다음날 다른 손님에게 팔아 버렸습니다"라고 한다. "제가 다음날 휴가를 얻어서 그런 일이 생기게 되었습니다. 정말로 죄송합니다"라고 사과하고는 끝이었다.

물론 책임자인 점장으로부터는 단 한마디의 사과도 없었다. 일단 약속한 계약을 일방적으로 파기하고, 이쪽에서 전화를 걸 때까지 방치한 채 사과 한마디로 끝낼 일이었을까. 상도덕은 어디에 있는 것일까.

거래의 소프트웨어는 신의 | 정치가에게 성스러움이

나 윤리를 요구하는 것처럼 차원 높은 이상을 말하고 있는 것이 아니다. 어디에서나 통용되는 일반적인 문제를 말하고 있는 것이다. 상도덕에는 영원히 사라지지도 변하지도 않는 이념이 있다. 거래는 눈에 보이는 상품의 교환만이 전부인 것처럼 보인다. 그러나 거래에는 판매자와 구매자의 소통(疏通)이라는 눈에 보이지 않는 무엇이 분명히 존재한다. 그것을 한마디로 표현하자면 신의(信義)가 될 것이다. 구매하는 물건 자체에 대한 믿음과 판매자에 대한 믿음이 있기 때문에 매매가 성립된다. 이 중 어느 한 쪽만 있으면 한 번은 성공할 수 있어도, 두 번은 성공할 수 없는 일과성으로 끝나게 될 것이다.

공자(孔子)는 "신의가 없으면 아무것도 성립되지 않는다"라고 했다. 눈곱만큼의 신의도 없는 계약이나 거래는 공허하다. 신의를 버리고 돈만을 쫓게 되면 어느 순간 사람을 속이고도 반성조차 하지 않는, 오로지 악덕뿐인 길을 달리게 된다. 요즘 같은 시대에 앞에서 말한 타이완 고미술품점의 점장과 같은 마음은 바랄 수도 없다며 꿈같은 이야기로 생각하는 사람도 많을 것이다. 그러나 그렇다고 가구 전문점의 행동을 단순한 과실로만 받아들인다면 더 이상 할 말이 없다.

물론 인간은 신이 아니다. 전능하지 않다. 과오가 있을 수도 있다. 과오는 빨리 반성하고 예를 갖춰 조치를 취해야 할 것이다. 나는 우리 사원들에게 "약간의 방자함이나 거만함은 사내(社內)에서라면 허용해 주자. 그러나 사내라고 해도 옳고 그름에 대한 마음을 잃거나, 예의에 어긋나거나 무례한 것, 약속의 불이행은 안 된다"고 확실하게 선을 긋고 있다. 우리 회사에 계약된 프로젝트는 철저히 진행하지 않으면 안 된다. 그것이 고객에 보답하는 신의이다.

프로젝트를 잘 진행하려면 우선 계약을 할 당시 충분하게 합의하는 과정이 필요하다. 합의가 되지 않았을 경우 서로의 인식차로 인해 생각지도 못한 어려움이 따르는 경우도 생기기 때문이다. 계약이 완료되고 업무가 시작된 후에 환경의 변화, 회사 방침의 변경, 의뢰 사항의 축소 또는 확대, 극단적으로 프로젝트 테마 자체까지 변경하게 된다면 서로 고생할 수밖에 없다. 지금, 혼자서 조용하게 연간 프로젝트의 성과를 평가하고 반성하면서, '상도는 믿음'이라고 새롭게 마음에 새겨 본다.

5.5 라운드의 열정

경영자는 로맨티스트 │ 흔히 말하기를 많은 경영자들이 로맨티스트라고 한다. 꿈을 추구하고 그것을 실행해 가는 사람이 아니면 많은 유능한 사원들이 따르지 않기 때문이다.

내가 소속해 있는 골프 클럽의 회원 중 시즈오카(靜岡) 현의 한 제지회사의 사장이 있다. 쉰여덟의 나이인 그 사장이 지난 6월에 엄청난 일을 해냈다. 하루에 5.5 라운드를 돌았던 것이다.

아침 5시 전, 공이 보일 정도가 되었을 때 라운드를 시작했다. 카트를 사용하지 않고, 볼을 치고는 걷고 또 볼을 쳤다. 캐디는 바꾸어도 본인은 바꿀 수 없으니 걸으면서 빵을 씹고 물을 마시고 땀을 흘리며 한 순간의 태만도 허락하지 않은 채 작고 하얀 볼을 쫓았다.

저녁 7시 30분, 공이 보이지 않게 될 때까지 돌았다. 본인은 '어떻게 해서든 0.5라운드만 더'라고 생각했지만 밤이 되어서 단념했다고 한다. 만약 그가 백야가 지속되는 북유럽에 살았다면 6라운드는 해냈을 것이다. 물론 단지 돌기만 했던 것이 아니다. 그 와중에도 각 라운드 모두 80대의 스코어를 유지했다고 하니 대단한 것이다. 이는 속임수가 아닌 진지한 승부 자체이며, 골프 체험이라기보다는 오히려 인생의 체험을 건 도전이었을 것이다.

나는 기껏해야 한 달에 한 번, 한 라운드를 돌면 그걸로 됐다고 생각해 버린다. 예순이 넘어서 골프를 배웠기 때문인지 무엇보다도 건강을 우선으로 생각하며 스코어는 신경 쓰지 않는다. 즐겁게 볼을 날리고, 땀을 흘리고, 욕조에 몸을 담그면 그것이 바로 골프의 진정한 맛이 아닌가 생각하고 있었다. 그런데 골프에도 그 정도의 정열을 보이다니 경이롭다. 자신의 정신력, 체력의 한계를 알고 싶고 시험해 보고 싶다는 멋진 '인생의 낭만'이 있는 것에 마음속 깊이 탄복할 뿐이다.

정열을 잃어버리면 정신은 시들고 몸은 늙기 시작한다고 한다. 듣기로는 그 사장은 무슨 일에든 도전 목표를 세우고, 큰 꿈을 갖고 인간의 한계에 도전하는 것을 무척이나 좋아한다고 한다. 과연 청춘의 한창 때이다. 그렇게 되면 낭만은 이미 최고 수준이다. 그는 예순이 되기 전에 다시 도전해서 자신의 꿈을 이루고 싶어 한다. 면밀한 계획을 세워서 그날 플레이를 하는 다른 골퍼들의 이해와 협력을 얻고 자신 스스로도 심신 모두 최고의 컨디션으로 다른 사람이 이루지 못한 일을 이루어 보겠다고 한다.

낭만은 열정이다 | 나이가 들어도 중요한 것은 언제까지고 낭만을 끊임없이 추구하는 것이라고 생각한다. 낭만은 계속해서 꿈을 갖는 것이며, 정열이 넘쳐나는 것

이기 때문이다. 낭만이 있으면 언제까지고 청년의 마음을 지닐 수 있다. 낭만의 추구는 취미를 넘어서고, 스트레스를 없애고, 정신적 건강을 유지시켜 주는 하나의 중요한 요인이다.

  나는 어렸을 때부터 악기를 무척 좋아했다. 중학생 시절, 학교에 스물네 명으로 구성된 악단이 결성되었을 때 초대 지휘자가 되었다. 그리고 작곡, 편곡도 제법 했었다. 그후 전쟁이 격화되면서 악단 연주로부터는 멀어졌지만 음악을 좋아하는 것은 변하지 않았다. 그래서 전쟁이 끝난 후 본격적인 탱고 밴드를 결성해서 탱고의 세계에 빠져 들었다. 그러나 얼마 후 생활의 설계를 다시 세워야 할 상황에 처해 악단을 포기하고 회사 근무로 전환했다. 음악의 세계로부터 멀어진 것이다. 그후 삼십오 년, 회사 일로 브라질, 아르헨티나에 출장을 가게 되었을 때, 부에노스아이레스의 거리에 있는 악기 상가에서 수십 개의 반도네온(bandoneón)을 보자 예전의 정열이 급속하게 되살아났다. 여기에는 아직 탱고가 살아 있었구나 하는. 더 이상 참을 수가 없게 된 나는 그날 밤부터 새벽 2시까지, 카를로스 가르시아(Carlos Garcia)가 지휘하는 시립 탱고 그랜드 오케스트라의 연주를, 청춘으로 돌아가 들었던 것이다.

그 이후, 일본에서도 때때로 탱고를 들을 수 있다는 것을 알게 되었다. 그러나 내가 좋아하는 전형적인 스타일(바이올린 세 명, 반도네온 세 명, 베이스 한 명, 피아노 한 명의 팔인 편성)은 적었으며, 아무리 해도 열광할 수 없었다. 그러한 나날을 십 년간 보내던 작년 가을, 내가 탱고를 좋아한다는 것을 알고 있던 친구가 티켓을 보내 주었다. 나는 설렘을 억누르며 그날 일찍 공연장으로 달려갔다. 공연장은 이천 명이나 되는 탱고 팬으로 이미 만석 상태였다.

공연은 토착민들의 축제에서 생겨난 밀롱가(milonga)의 연주로 시작되었는데 세 가지의 전통 포르테냐(porteña)의 본격적인 악상으로 흐르는, 시원시원한 스타카토의 아르헨티나 탱고였다. 특히 애수를 머금고 향수를 불러일으키는 반도네온의 울림, 세 명의 반도네온 연주자가 엮어내는 현란한 화음, 마지막 악장 열여섯 소절을 16분의 1, 32분의 1 연음부의 변주로 장식했을 때에는 눈물이 솟아날 듯한 감동을 받았다.

밤이 늦었다. 도시의 밤은 고요했으며, 은은한 달빛 속에서 귀로를 서두르는 사람들 속에 달빛을 껴안고 춤추었다. 그때의 탱고는 끝없이 나의 가슴속에 살아 있다. 나에게 있어서 탱고는 듣는다기보다는 음악과 하나가 되어 흘러넘치는 정열 그 자체라고 할 낭만이며, 삶의 보람 중 하나이다.

기업이 더욱 발전하기를 원하는 경영자들은 대부분 번잡한 업무에 쫓겨 인생의 여유와 열정을 잃기 쉽다. 그러나 경영자로서 가장 필요한 것이 열정이다. 마음에서 우러나오는 열정으로 시정(詩情)의 낭만을 추구하는 경영자를 기대해 본다.

법과 규칙을 앞서는 인간의 마음

법보다 앞서는 보편적 윤리 | 지난 달, 만추의 기운이 감도는 야츠가타케(八ヶ岳) 연수원을 방문했다. 능선을 잇는 산 정상의 한여름 흰 구름도 어느새 가을의 조개구름으로 변했으며, 들에 가득한 자홍색의 분홍바늘꽃, 진홍색 패랭이꽃, 가지 끝에 서서히 가을 의상을 걸치기 시작한 등대꽃과 마가목이 가을 하늘 아래 빛나고 있다. 도시에 살고 있으면 이러한 고요함을 느낄 수 없다. 이 고요함을 찾아 온 것이다. 연구소의 앞쪽에 쌓아 놓은 커다란 암석 위에 부드러운 햇살이 충만하다. 잠자리 서너 마리가 그 따사로움에 몸을 맡기고 가만히 앉아 있다. 손가락을 가까이 가져가도 살짝 눈을 움직일 뿐이다.

그곳에 아이들이 우르르 몰려들었다. 손에는 잠자리채와 상자를 들고 있다. 커다란 상자에 들어 있는 잠자리 수십 마리가 서로 날개 부딪히는 소리를 내고 있었다. 이 주변에는 성인들의 곤충채집은 금지되어 있지만, 아이들에게는 예외를 두고 있다. 그 이유는 아마도 아이들이 잡는 곤충의 수는 그리 많지 않고, 아이들이 자연과 뛰노는 것도 소중하기 때문일 것이다. 그러나 주변에 산장이 많지 않았던 십 년 전과는 달리, 지금은 산장의 수도 많아졌기 때문에 아이들의 수도 늘어났고, 아이들이 채집하는 곤충의 수도 예상을 훨씬 넘어서고 있는 듯하다. 게다가 이미 날아갈 힘도 소진해 버린 곤충들 생의 마지막 순간 정도는 조용하게 지켜 주고 싶다. 채집해도 좋다고 허가되어 있기 때문에 잡았다든가, 곤충채집도 학습의 연장이라고 주장하기보다는, 아무리 작은 생명이라도 이유 없이 빼앗아서는 안 된다는 보편적인 마음가짐을 보다 소중히 해야 하지 않을까.

꽃을 짓밟는 것은 합법, 살리는 것은 위법?

 멀리서 땅을 울리는 공사 소리가 들린다. 연구소로 올라오는 입구의 전면 도로는 100미터 앞까지 보수공사가 진행되고 있다. 차바퀴 자국이 있는 부분이 점점 가라앉아 길 중앙 부분만이 솟아올랐기 때문이다. 그런데 자연의 신비로움이라고 할까, 그곳에 작은 들꽃이 흩어져 있다. '아, 이런 곳에 꽃이'라며 놀라고 있는데, 그 옆으로 타래난초와 분홍터리꽃, 암고란의 빨간 열매도 보인다. 이대로 공사가 진행되면 잘 자라고 있는 식물들이 파헤쳐질 것이 분명해 보였다. 나는 공사의 책임자에게 식물들을 연수원의 암석 사이에 옮겨 심었으면 한다고 부탁했다. 그러나 내게 돌아온 대답은 "풀 한 포기라도 채집이 금지되어 있으므로 양해하시기 바란다"는 말이었다. 어이가 없어진 나는 이렇게 되물었다.

 "그렇다면 꽃을 짓밟는 당신들의 행위는 허가되어 있습니까?"

 "도로 공사이기 때문에 어쩔 수 없는 일입니다. 채취해서는 안 되지만, 밟으면 안 된다는 규정은 없으니까요."

이 말을 들은 순간 나는 '인간이 지혜를 다해 만든 규정도 일단 형식화되어 버리면 그 마음에서 벗어나 저 홀로 걷기 시작하는 것이군'이라는 생각을 했다. 옛 도로도 법률이나 규칙과 비슷하다. 처음에 폭을 두고 만들어진 길도 한번 자동차 바퀴자국이 찍혀 버리면 그곳으로만 차바퀴가 지나가게 된다. 법률도 규칙도 한번 판례가 생기면 그것에 '익숙한가, 그렇지 않은가'가 논의의 핵심이 된다. 바퀴자국은 마침내 장해물이 되는 것이다.

합법이라는 명목 아래 이루어지는 만행 | 이곳의 산기슭 일대는 수렵 금지 구역이다. 그래서 산토끼나 여우, 때로는 사슴을 만나기도 한다. 그런데 어느날, 내가 걷고 있는 길로 사륜 구동 자동차가 지나치더니 등산로 입구에서 멈춰 섰다. 그리고 수렵인처럼 보이는 두 남자가 차에서 내려 산을 향해 걸어갔다. 엽총을 들고 있지 않았기 때문에, 무슨 목적으로 가는 것일까, 혹시 버섯

이라도 따러 가는 걸까 정도로만 생각했을 뿐 그다지 신경 쓰지 않고 돌아섰다. 그런데 그날 저녁, 이 지역에서 오랫동안 살았던 B씨가 이런 말을 하는 것이었다.

"세상에는 정말로 나쁜 사람들이 있는 듯합니다. 수렵 금지 구역과 인접한 곳에서 사냥하는 사람들을 보았는데 정말 너무하더군요. 글쎄, 한 사람이 수렵 금지 구역에 들어가서 금지 구역 밖으로 동물을 몰아내면, 다른 사람이 밖에서 기다리다가 뛰어나온 동물을 총으로 쏘는 게 아닙니까. 이것은 범죄입니다."

나는 산에 들어간 그 수렵인 차림의 수상한 남자를 떠올렸다. 그들은 수렵 금지 구역이 아닌 곳에서 '합법적'으로 사냥을 한다고 변명하겠지만, 법의 정신을 생각하지 않고 형식적으로만 법을 지키려는 행동은 용서할 수 없는 것이다.

형해화(形骸化)라는 말이 있다. 이는 정신의 작용이 없는, 즉 어떤 일이나 생각에 내용이 없는 것을 의미한다. 앞서 말한 공사 책임자도 그렇고 수렵인도 그렇고, 도대체 무엇을 배우고 무엇을 키우고 무엇을 계승하려는 것일까. 무엇을 매일의 생활 신조로 삼고 있는 것일까.

규칙이 아니라 규칙의 근본 정신을 지켜라 | 지금까지 이야기한 세 가지 실화에는 공통점이 있다. 그것은 '규칙과 규정은 반드시 지켜야 한다, 규칙으로 인정한 행위는 올바르고 선한 것이며, 규칙으로 인정하지 않은 행위는 악이며 죄'라는 사고방식이다. 그러나 그러한 사고방식에 대해서 이미 이천 년 전에 사도 바울은 "법률은 죄에 대한 자각만을 불러일으킬 뿐이다. 그것은 신의 뜻에 위배된다"라는 말로 경고한 바 있다. 규칙 자체를 지키는 것보다는 규칙의 근저를 이루는 정신을 살리는 것이 보다 중요하다는 뜻이다. 기업의 모든 활동도 마찬가지가 아닐까.

회사 내에도 '규칙'에만 매달리는 사례가 흔히 있다. 한때 카드 회사에는 아무리 많은 자산이 있어도 매달 고정 수입이 없는 사람에게는 카드를 발행하지 않는 규칙이 있었다. 또, 어떤 회사에서는 예산 범위가 고정되어 있어, 단일 기획으로 예산이 초과될 경우 일부러 그 기획을 두 가지 기획인 것처럼 나누어서 신청하는 조치를 취하고 있었다. 허용한도가 ○○ppm이니 여하튼 그 범위에 포함되니까 상관없다거나, 아무리 사람이 괜찮아도 채용조건보다 키가 1센티미터 작으니까 불합격 처리한다는 등의 일들도 버젓이 일어났다.

규칙에 대한 이런 식의 해석은 영원히 지속되는 것일까. 매사에 지나치게 규칙이라는 틀에 맞춰 자기 검열을 꾀하는 것은 지루하다. 그 근본이 확실하고 목표만 잊지 않고 있다면 조금이나마 마음의 여유와 자유를 갖고 미완성의 부분을 두는 편이 좋다. 아니, 오히려 미완성의 상태라고 생각하고 스스로를 경계했으면 한다. 그렇게 되면 완성을 향한 갈망이 늘 함께 할 것이다. 나는 끝없이 미완성의 길을, 자신의 생각을 확실하게 지닌 채 나아가고 싶다.

야츠가타케 산에도 이제 곧 겨울이 온다. 산들은 '자게 좀 내버려 둬'라고 투덜거리고 있는 듯하다.

경영의 왕도

성선설의 왕도, 성악설의 패도 | 예전부터 흔히 말하듯 경영의 도에는 성선설에 기반한 '왕도(王道)'와 성악설에 기반한 '패도(覇道)'가 있다. 왕도란 세상을 위해, 사람을 위해 항상 사회 전체를 마음에 두고 행동의 길을 걷는 것이다. 이와 달리 패도는 요즘과 같은 자유주의 경쟁 사회에서 살아남을 수 있을 만큼 자사의 힘을 키우고 자신들의 안정을 도모해서 운명을 같이하는 공동체로서의 기업을 지켜나가는 것이다. 확실히 아무리 훌륭한 말을 한다고 해도 이윤을 올리지 못하는 기업은 도산한다. 경영의 안정과 확대를 도모하기 위해서는 좋은 것, 필요한 것을 끊임없이 개발, 판매해야 한다.

요즘의 경영은 왕도보다는 패도에 치우친 느낌이다. 물론 패도가 그 자체로 나쁘다는 뜻은 아니다. 그러나 지금과 같은 불황이 오면 패도는 이기기 위해, 살아남기 위해 잘못된 행동까지도 하게 된다. 자신만 좋다면 다른 사람은 어떻게 되든 상관없다는 사고방식이다.

예를 들어 규제는 완화할 것이 아니라 완전히 철폐하고, 새로운 시스템을 만들어야 한다는 주장이 그렇다. '규제가 철폐되면 가격은 낮아지고 수요가 확대되기 때문에 새로운 제품이나 서비스가 출현한다. 이에 따라 새로운 비즈니스 기회도 증가하기 때문에 좋은 면이 많다. 규제 철폐로 인한 경쟁에서 패한 기업은 더욱 노력해서 새로운 개발을 하고, 다른 경영 전략으로 나아가도록 노력해야 한다.' 이것이 패도적 사고의 대표적인 예이다.

또 다른 예로는 2001년부터 시작된 국제회계기준(International Financial Reporting Standards)의 적용을 들 수 있다. 그렇게 되면 자사만의 결산이 아니라 관련 기업 전체로서 평가된다. 임원을 파견하고 있는 기업, 또는 거액의 투자를 하고 있는 기업은 모두 하나로 평가되기 때문에 서로 신경 쓰지 않을 수 없다. 그래서 함께 하면 손해라고 생각되는 기업에게는 옐로 카드나 레드 카드를 제시해서 퇴진 압박을 가하거나 해고를 함으로써 대개혁을 추진한다.

    이렇게 패도적 사도는 지나치게 새로운 기업의 가치를 추구한 나머지 그 방식이나 자세가 도를 넘어서 고용 부문뿐만 아니라 다른 데 까지도 악영향을 미치는 것이다.

'도(道)'가 사라진 경영 | 여러 가지 주장들이 들린다. 격변하는 사회에서 경영자는 사회의 발전에 대해 제대로 인식하고, 자기 책임에 철저해야 하며, 높은 윤리의식에 기반한 기업 활동을 추진하는 것이 중요하다든가, 지금이야말로 경영자가 자기 자신의 창조적 파괴를 통해 혁신의 리더십을 키우는 것이 필요하다는 등, 모두 정론이다.

그러나 세상이라는 게, 모든 것이 그렇게 제대로 이루어지는 것일까. 현대의 치열한 사회에서는 부실 경영이라고 하는, 법을 지키지 않는 악덕 행위가 계속해서 발생한다.

예를 들면 총회꾼이라 불리는 존재, 독선적인 자산 평가나 '도바시(飛ばし)'*로 불리는 자금의 이동 등등 셀 수가 없다. 그러한 불상사가 자주 발생하자 기업지배구조(corporate governance) 개선의 필요성이 강하게 제기되고, 경영 기능의 건전화를 위해 감사도 강화되었으며, 이익의 최대화라는 개념이 만들어졌다.

종래의 일본형 경영을 전환해서 새로운 경영 시스템을 만들어 기업 경쟁력을 회복하자는 것이다. 그러기 위해서 기업지배구조의 재구축과 새로운 기업 가치의 창조를 바탕으로 한 경영을 지향해야 한다.

경영이란 무언가를 결심하고 결정하고 행동하는 것이라는 설명은 맞는 말이다. 그리고 그 중심에는 이익이 최대의 수단으로 있다. 그것은 모두 잘 알고 있는 사항

---

* 증권회사가 가격이 하락한 주식이나 채권 등으로 인한 손실을 표면화시키지 않기 위해 결산기가 다른 기업에 전매시키는 것. (역주)

이지만, 안타깝게도 이러한 불황이나 자본주의 사회에서는 수단이어야 할 이익이 목적으로 변하면서 어느새 이익이 최고의 가치가 되고, 이익 추구의 길만 걷게 된다. '이익만 나오면 된다, 그러기 위해서는 거래처마저도 잘라버리고 자신에게 유리한 규제 철폐도 이용한다, 그로 인해 상대가 어떻게 될지는 신경 쓰지 않는다'라며 자신만 살아남으면 된다는 식의 이기적인 생각을 한다. 그러나 이는 약육강식의 동물 세계와 다를 바 없다. 인간 세계로서는 중요한 무언가가 결여되어 있는 것이다.

패도와 더불어 왕도가 필요한 이유 | 자유 경쟁이라고 하는 것은 그 시대, 그 사회의 인간이 만든 약속 사항이다. 이는 하나의 법이기도 하기 때문에 사회 전체로서는 지켜지지 않으면 안 된다. 하지만 곰곰이 생각해 보면 인간 사회에는 그 법보다 큰 자연의 법칙이 있다는 것을 알 수 있다.

인류는 소중한 인륜이나 사랑, 건강, 안녕과 같은 가장 고차원적인 것을 갖고 있지 않으면 안 된다. 단지 약자의 논리를 편들자고 하는 것이 아니다. 장애인에 대한 배려와 마찬가지로 산업 경쟁력 회복의 일환으로서 패자 부활에 대한 지원이나 보조금도 필요할 것이다.

전쟁 중에도 우리가 '인간'임을 잊지 않는 사람들에 의해 이념을 초월한 적십자 활동이 이루어지듯이, 인륜이나 사랑과 분리되어 패자를 짓밟는 자유 경쟁만으로는 안 된다고, 강조하고 싶다.

경영자가 경영이라는 영역을 중심으로 활동해야 하는가, 사회 전체를 염두에 두고 활동해야 하는가에 대한 질문을 자주 받는다. 경영자에게 '국가 전체를 고려했을 때, 지금 당신이 하려는 것이 사회에 있어 좋은 것인가? 당신의 인격 전체를 걸고 결정하고 있는가?'라고 묻는다면 '노(NO)'라고 대답하는 사람이 많을 것이다.

이렇듯 기업의 일을 기업에만 맡겨 둘 경우 지나치게 '패도적'인 상황으로 발전할 수 있다. 따라서 정부에서는 설비투자에 혜택을 주는 정책 감세나, 산업 경쟁에서 패한 경영자에게 다시 전열을 가다듬을 기회를 주는 '왕도'도 겸비해야 한다.

경영철학 없이는 경영도 없다

경영 마인드의 기본, 경영철학 │ 지금은 의식개혁의 시대다. 요사이 정치, 경제계에는 불량 채권 문제, 공영 사업의 민영화, 지방 행정 재검토, 부도 위기 기업 속출 등 실로 어려운 문제가 계속해서 일어나고 있다. 많은 사람들이 통증 따위가 아닌 죽음의 고통을 견뎌내지 않으면 안 되는 시대가 왔다. 전면적으로 구조 개혁을 하지 않고 미뤄 두었던 정치의 잘못을 이제 근절할 때가 온 것이다.

획기적인 개혁은 무리라며 안전망을 두른 개혁을 원하는 세력도 있다. 그러나 이는 종래의 약자 구제형 개선책의 연장선에 있으므로 오히려 국제화에 더욱 뒤처지는 결과를 낳을 뿐이다. 안전망을 두르고 느슨하게 개혁할 경우 그렇지 않은 회사에 비해 경영 성과가 나쁠 것이 뻔하다. 경영 성과의 승패가 사회에 확실하게 드러나는 상황에 놓일 수도 있다는 이야기다.

전(全) 사적 의식개혁으로 경영 전략의 재정비를 하기 위해서는 먼저 경영자 스스로가 강고한 경영철학을 마음속에 가지고 있어야 한다. 경영자가 어떠한 시련에도 쓰러지지 않는 확실한 철학을 가지고 있어야 함은 기본이다. 그렇지 않으면 하는 일 모두가 사상누각이 된다. 경영자를 비롯하여 관계자 모두가 확고한 경영철학을 확립하고 개혁하는 경우와, '하라고 하니까 한다' '회사를 위한 것이라니 어쩔 수 없다'라는 기분으로 개혁하는 경우는 그 가치나 성과의 차이가 비교할 수 없을 정도다.

컨베이어 시스템에도 철학이 있다 | 철학이 없는 개선, 개혁이 얼마나 우스운 것인지 구체적인 예를 들어

보자. 고(故) 마쓰시타 고노스케(松下幸之助 1894~1989)*의 이야기를 해보고자 한다. 내가 아직 회사를 차리지 않고 사원으로 F사에 근무하고 있던 당시의 실화다. 당시 나는 상사로부터 조립 공장의 본격적인 컨베이어 시스템 도입에 대해 검토하라는 명령을 받았다. 재빨리 프로젝트 팀을 구성해서 계획서와 상세한 레이아웃, 컨베이어화의 목적, 기능, 조직 편성, 견적서, 성과 예측서 등을 만들어서 제조 담당 상무에게 올렸다. 그때 상무는 다음과 같이 이야기하며 컨베이어 시스템 도입을 승인하지 않았다.

"보고서에 의하면 컨베이어를 설치함으로써 계획 생산이 가능해지고 제조 시간이 단축되며 숙련공이 증가하고 안정적인 작업이 가능해져 불량품이 감소한다는 이야기군. 하지만 우리 회사는 통신기 부품과 기기를 만들고 있기 때문에 각각의 작업대에는 램프, 타이머, 버

---

*마쓰시타 전기산업(현 파나소닉)의 창업자로 경영의 신(神)으로 불리며 일본인들의 존경을 받는 기업인. 일본 최고의 민간 연구소로 평가받는 PHP 연구소의 창립자이며, 마쓰시타 정경학원(松下政經塾)을 창설, 개혁적인 정치인 육성에도 기여했다. (역주)

저가 설치되어 있네. 각자의 작업이 끝나면 오른쪽 작업대로 건네주고 왼쪽 작업자로부터 새로운 기기를 받게 되어 있기 때문에 자연스러운 컨베이어 작업이 가능할 것이네. 일부러 높은 비용을 들여서 본격적인 컨베이어 방식을 도입할 필요는 없다고 생각하네."

그때 나는 확실한 컨베이어화의 철학을 갖고 있지 않았기 때문에 자세히 검토해 보겠다고 말하며 물러났다. 그리고 누군가 컨베이어 철학을 갖고 경영을 하고 있는 사람은 없을까 조사했다. 그 결과 마쓰시타 전기산업의 마쓰시타 고노스케 사장이 가장 적합할 것이라는 정보를 얻었다. 나는 마쓰시타 사장에게 직접 편지를 써서 뵙고 싶다는 염치없는 부탁을 했다. 그런데도 마쓰시타 사장은 "지금 오사카의 가도마(門眞) 공장에 거의 상주하고 있으니, 몇 월 며칠이라면 만날 수 있다"며 시간까지 정해 주었기 때문에 가도마 공장을 방문해서 공장장실에서 만날 수 있게 되었다.

그는 나를 보자마자 "당신은 젊은 사람이 재미있군요. 우리 회사에서도 컨베이어 철학에 대해 물어본 사람은 없었는데. 그러면 제 생각을 말해 보겠습니다"라고 말문을 떼고는 다음과 같은 이야기를 해주었다.

"제조과는 군대로 말하면 보병으로, 여기서는 제조과장을 소대장이라고 부릅니다. 소대장은 매일 작업의 지도, 작업의 개선, 품질 체크, 안전 작업, 노동 의욕 고무에 전력을 다해야만 하는데, 실태는 그렇지가 않습니다. 소대장은 매일 제작하는 부품 정리에 급급한 경우가 많지요. 이래서는 수송 부대에 지나지 않습니다. 수송 부대의 일은 원래 부품 창고 담당이 해야 하는 일인데 그것을 하고 있지 않아요. 부품 창고 담당은 오늘 어떤 부품이 어느 정도 들어오고, 어떤 부품이 어느 정도 나갔는가 하는 경리과의 업무를 하고 있거든요. 즉, 명확한 제작 컨트롤 센터의 업무를 하고 있지 않다는 얘기지요. 이러한 상황에서는 좋은 업무가 될 리가 없습니다. 그래서 어떻게 하면 본래의 기능을 되돌릴 수 있을 것인가를 생각한 결과, 현재의 컨베이어화처럼 컨베이어 선두 부분을 부품 창고 안으로 넣었지요. 이젠 부품 창고의 작업자가 부품을 정렬해서 보내지 않으면 라인이 멈추게 되는 거죠. 그러니 작업을 멈추지 않게 하기 위해 진지하게 본래의 작업을 하게 되었습니다. 이러한 상태가 되자 소대장은 부품 정리의 업무를 하지 않아도 되었기 때문에 본래의 감독자로서의 업무로 돌아왔어요. 이처럼 하나의 컨베이어를 설치하는 것의 의미는 공장 본래의 기능을 확립시키고 올바른 공장 관리를 시행하는 것에 있었던 겁니다."

확실한 철학에 기반한 컨베이어화의 이야기였다. 나는 재빨리 회사로 돌아와서 컨베이어 개선 계획과 각각의 기능 확립에 대해서 현장 측의 이해를 돕기 위한 새로운 계획서를 만들었다. 그 결과 상무는 빙긋 웃으며 "이 안에는 혼이 들어 있군"이라며 승인 도장을 찍어 주었다. 그 모습이 지금도 잊혀지지 않는다.

경영자의 품격은 경영철학으로 드러난다 | 피터 드러커(Peter F. Drucker 1909~2005)가 한 말 중에 "경영관리

에 관련된 사람이 반드시 지녀야 하는 자격이 한 가지 있다. 그것은 천재적인 재능도 아니며 예리함도 아니다. 그 사람의 품성, 즉 인격이다. 그 인격은 그 사람이 지닌 철학에서 태어난다"라는 것이 있다. 철학은 인생의 지혜이며 행동의 기준이며 마음을 지지하는 것이다. 이념이나 철학은 단지 그 사람의 길을 현명하게 이끄는 것뿐만 아니라 어떠한 시련이나 역경, 고난에도 굴하지 않고 관계된 모든 사람에게 감명과 경의, 협력을 얻는 것이다.

예로부터 많은 성인, 현인이 명언을 남겼다. 『논어』에 '군자는 근본에 힘쓴다. 근본이 서면 길이 생긴다'고 철학의 중요성을 가르치고 있으며, 『성서』 「마태오 복음」에도 '집을 지을 때, 모래 위에 집을 짓지 말라, 반석 위에 집을 지어라, 비가 내리고 바람이 불어 그 집에 내리쳐도 반석 위에 지은 집은 쓰러지지 않으나 모래 위에 지은 집은 쓰러진다'라는 철학적인 이야기가 실려 있다. 일본 조동종(曹洞宗)의 개조인 도겐(道元 1200~1253) 선사도 "그 마음이 바르지 않으면 모든 노력은 허사가 된다"고 했다.

현대사회에 있어서도 모든 고난에 견디며 그 중책을 해내는 경영자의 마음의 지주가 되고 안내판이 되며 책임감, 인간으로서의 긍지, 비범한 정신력을 갖게 해주는 것이 철학이다. 의식개혁이라는, 정신 구조를 발전시키기 위한 첫걸음은 바로 철학에서 시작된다.

전문가가 아닌 경영자가 돼라

**불가능한 이유를 대는 전문가,
가능하게 하는 경영자** | 관서경제연합회의 초대 회장이었으며, 나의 은사 중 한 분이셨던 우노 오사무(宇野收) 씨는 "경영자는 전문가여서는 안 된다"고 말씀하셨다. 그 말씀의 뜻은 대강 이러하다. '어떤 회사에든 전문가는 많이 있다. 그리고 전문가의 공통점은 어떤 일이 왜 불가능한지 이유를 대는 데에 뛰어나다'는 것이다. 실제로 회사를 꾸려가며 많은 사람들을 겪어 본 나는 현장에서 일어나는 갑론을박을 간결하게 표현하면 그분의 말씀이 되지 않을까 생각할 정도다. 나는 전문가란 불가능한 이유를 즉석에서 다섯 가지 이상 들 수 있는

사람이라고 정의하고 있다. 해당 분야에 대한 지식이 많고, 프로세스를 속속들이 다 아는 전문가는 이미 견고한 지식에 둘러싸여 있으므로 틀에서 벗어난 자유로운 생각을 하기 어렵다. 따라서 이쪽에서 원하는 방향이 자신이 아는 프로세스와 다를 경우 무심결에라도 맨 먼저 '왜 안 되는지'부터 생각하게 되는 것이다.

우노 오사무 씨는 그래서 "경영 관리를 담당하는 사람은 불가능한 이유를 들지 말라" "어떻게 하면 가능할 것인지만 생각하라"라고 자주 이야기하셨다. 하나의 목적, 목표를 향해서 굳건하게 나아갈 때에는 원하지 않아도 여러 가지 곤란한 점들이 일어나게 마련이다. 왜 안 되는지를 말하며 말리는 사람도 점점 많아진다. 경영자는 이런 상황을 어떻게든 극복해야 한다. 반대하는 관계자를 납득시키고, 사람들의 의욕을 고취시키며 끝까지 달성케 하는 강한 정신력은 경영자의 필수 조건이다. 불가능을 가능하게 하는 철학은 여기서 빛난다.

발명왕으로 유명한 에디슨은 "위대한 업적은 1퍼센트의 영감과 99퍼센트의 땀으로 만들어진다"라는 유명한 말을 남겼다. 여기서 중요한 건 1퍼센트의 영감이 아니라 그것의 밑바탕이 된 99퍼센트의 노력이다. 그 말대로 '어떻게 하면 가능할까, 어떻게 해야 할까'를 최후의 최후까지 생각하며 끊임없이 노력하는 자세가 가장 중요하다.

예전에 규슈(九州)의 A사에서 '나일론에는 공기가 들어가지 않는다'는 생각에 대해, 지금까지의 과학의 학설을 깨뜨리고 나일론에 공기를 넣는 데 성공한 것은 유명한 이야기이다.

한국의 한 건설회사 사장 이야기 | 한국에서 있었던 이야기다. 건설회사의 A사장이 아직 회사를 세운지 얼마 지나지 않았던 1952년의 12월, 한 미군 관계자로부터 다음과 같은 상담을 의뢰받았다고 한다.

당시 부산 교외에는 국제연합의 묘지가 만들어져 있었는데 미군 관계자에 의하면, 다음해 1월에 취임할 차기 대통령 아이젠하워가 미군 병사가 잠들 묘지를 연말에 급작스럽게 방문하게 되었다는 것이다. 관계자가 고민한 것은, 차기 대통령을 맞이해 안내하기에는 적토 상태인 묘지가 지저분하고, 보기에도 좋지 않다는 점이 문제였다. 그래서 관계자는 급하게라도 잔디를 심어 깨끗하게 보였으면 한다며 A사장에게 의뢰한 것이다.

관계자 자신도 한 겨울에, 그것도 단기간에 잔디를 심어달라는 것 자체가 무리한 부탁이라고 생각하면서도 어렵게 문의했는데, A사장이 "하겠습니다. 저희에게 맡겨주십시오"라고 흔쾌히 승낙했기 때문에 기뻐하며 부탁했다고 한다.

그리고 얼마 지나지 않아 A사장으로부터 잔디를 깔았다는 연락이 왔다. 재빨리 비행기를 타고 현지로 날아가던 중 상공에서 녹색으로 덮인 땅이 눈에 들어왔다. 관계자 모두가 놀랐다. 12월 한겨울에 파릇파릇한 잔디를 이렇게나 빨리 깔 것이라고는 상상하지 못했기 때문이다. 그들이 현지에 도착해 확인해 본 결과, 광대한 묘지에는 잔디가 아닌 보리가 멋지게 심어져 있었다.

A사장은 '한겨울에 대량의 잔디를, 그것도 단기간에 심는 것은 무리지만, 잔디와 같은 벼과의, 많이 자라지 않은 보리를 심는다면'이라는 발상의 전환을 통해 방법을 찾아낸 것이다. 대량의 보리를 조달하고 회사 관계자를 총동원해서 함께 보리를 심은 결과, 극히 짧은 시간에 광활한 면적의 묘지를 녹색으로 만들 수 있었던 것이다. 미군 관계자를 안내하면서 A사장은 심은 것이 잔디가 아니라 보리라는 진실을 이야기하고, 봄에는 다시 잔디로 바꾸어 심겠다는 약속을 했다고 한다. 미군 관계자는 마음으로부터 감사했다고 한다.

A사장 덕분에 관계자는 무사히 차기 대통령을 안내했다. 처음에는 잔디라고 생각하고 있었던 아이젠하워도 미군 관계자로부터 자초지종을 듣고 놀라면서, 한국에는 그렇게 훌륭한 사람이 있느냐며 감동했다고 한다.

그 A사장이 바로 현대그룹의 창시자인 고(故) 정주영 회장이다. 한국의 눈부신 발전은 아마도 이런 경영자들의 끊임없는 도전 정신과 창의력에서 비롯되지 않았을까.

인격과 경영

사고의 원인은 경영자의 인격 문제 | 아무리 주의한다고 해도 기업에서는 종종 사고가 발생하곤 한다. 작은 사고라면 간단한 주의 조치로 넘어가지만 대형 사고가 발생했을 때는 사고에 대해 치밀하게 조사하게 된다. 조사에 따르면 대형 사고가 났을 때 직접적인 원인으로 드러나는 것은 의외로 대부분 아주 작은 실수, 아주 작은 주의 부족이라고 한다. 그러면 대체 이런 작은 실수들이 생기는 까닭은 무엇일까. 많은 답이 나올 수 있겠지만, 가장 근본적인 이유는 경영자의 인격 부재와 업무에 대한 철학 부재 때문이라고 본다. 기업 경영에 관한 대표적인 커다란 사고 두 가지를 들어 보자.

첫번째는 1999년 9월 이바라키(茨城) 현 도카이(東海) 마을에서 일어난 '임계(臨界) 사고'이다. 일반적인 것보다 농축도가 높은 우라늄을 다루는 고속 실험 원자로의 핵연료 재료를 제조하던 중 발생한 사고였다.

규정 매뉴얼에 이 작업은 기계 조작을 통해 우라늄 용액을 자동적으로 주입해야 하는 작업으로 명시되어 있다. 여기서 규정된 용기 대신에 스테인리스 용기를 이용한 것이 사고 원인이었다고 한다. 게다가 작업자가 한꺼번에 많은 양을 수작업으로 주입하는 바람에 임계 상태가 되어서 큰 사고로 이어졌다고 보고 있다. 현장에서 작업 매뉴얼이 지켜지지 않았고 안전관리까지 허술했던 것이다.

두번째의 큰 사건은 2000년 6월 말, 모 유업 회사의 오사카 공장에서 제조된 저지방 우유가 원인이 되어 집단 식중독이 일어난 사건이다. 저지방 우유 제조 라인 밸브가 오염되어 황색포도상구균이 발생했으며, 이 균이 제품에 섞여 들어가서 식중독이 발생했다고 보고 있다. 통상 밸브 부분은 일주일에 한 번은 분해하여 청소

하는 것이 의무화되어 있지만, 실제로는 삼주일 이상 청소하지 않았다고 한다. 이 사건에서는 발병자가 만 수천 명을 넘었다. 게다가 상품 회수, 정보 공개 등의 대응이 완전히 엉터리였다는 이유로 기업 대표의 인책, 사임으로 발전했다. 이 사건에 대해 많은 사람들이 '관리의 소홀'을 지적한다. 그러나 나는 이 사건이 그렇게 간단한 말로 끝낼 수 없는 소중한 교훈을 포함하고 있다고 생각한다.

인격을 갖추고 관리 방식을 돌아보라 | 경영자는 높은 인격을 갖춘 동시에 관리에 대한 본질적인 이해까지 하고 있어야 한다는 것이 바로 이 사건의 요체다. 인명과 안전에 관한 사업을 하고 있는 기업의 경영자는 그 나름대로의 고도의 경영철학을 확실하게 습득하고 있어야 한다. 이는 적어도 자신이 생명과 건강을 다루고 있다는 자각에서부터 시작되는 것이다. 식중독 사건의

경우도 품질관리의 부족함 운운하는 차원의 문제가 아니라 경영자 스스로 자신의 인격을 돌아봐야 할 사건이다.

임원의 자질 중 가장 큰 것은 인격이라는 기본적인 자질이다. 두뇌가 명석해서 업무를 잘 처리하는 능력보다, 많은 사람들을 움직이고 많은 사람들에게 존경받는 인격 쪽이 훨씬 앞서야 할 자질이라고 할 수 있다. 인격이라는 것은 경험을 쌓고 공부를 하고 능력을 키우는 것에 의해 높일 수 있는 그렇게 단순한 것이 아니다. 경험 위에 그 사람이 지닌 철학이나 인생관, 정신 구조의 확립에 의해 만들어지는 것이며, 인간의 마음 깊숙한 곳에서 확실하게 인간을 지배하는 것이다. 기업의 핵이 될 수 있는가 아닌가는 그것이 문제인 것이다.

그 다음으로는 이른바 관리에 대한 사고방식과 실행의 문제이다. 모든 업무와 작업을 목적에 맞춰 정확하게 수행하기 위한 공통적인 수순으로 plan(계획하다) do(행동하다) check(확인하다), action(수정하고 다음에 대비한다)이라는 사이클이 있다. 이는 예를 들면, 좋은 업무 방식은 준비하고, 해보고, 체크해 보고, 보충 지도를 하는 단계를 확실하게 행해야 한다는 것이다.

그러나 오늘날 일본의 제조, 작업 현장에서는 어느새 관리라는 행위가 현장에서 유리되면서 어이없는 관리가 생겨났다. 현실이나 현장의 실태를 전혀 확인도 하지 않는 무(無)관리, 오(誤)관리가 버젓이 활개치고 있는 것이다. '체크한다'고 하는 지극히 기본적이고 중요한 수순이 소홀히 여겨지고 있다. 표준화되어 있지 않고, 규칙화되어 있지 않으며, 모든 곳에서 날림으로 행해지고 있는 그러한 상황을 관리자는 간과하고 있는 것은 아닐까.

확인 과정도 관리의 일부 | 외국에 있는 한 회사의 사업부에서 일어난 실화다. 사업부는 매월 필요한 부품을 일본으로부터 받도록 준비를 해야 하는데, 매월 준비에서 실수가 생긴다. 그때마다 다시 준비를 하기 때문에

업무가 늦어진다. 왜 자꾸 차질이 빚어지는지 조사하러 현장으로 가 본 결과, 문제는 바로 알 수 있었다.

검증을 담당하는 사람이 펀처(puncher) 방식이 올바른지 아닌지를 검증해서 불량품인지 미스인지를 판단하도록 되어 있음에도 불구하고 검증을 게을리했던 것이다. 나는 A과장에게 검증은 중요한 것이니 반드시 해 달라고 말했다. 과장이 내 말대로 하겠다고 받아들였기 때문에 나는 모든 문제가 해결되었다고 생각했다. 그러나 두 달 후, 다시 불량품이 나오고 있다는 보고를 받았다. 의아해하며 다시 A과장을 만나서 조사해 보았더니 여전히 검증이 이루어지지 않고 있는 것이었다. 답답해진 내가 먼저 물었다.

"왜 검증을 하지 않습니까?"

"다른 사람이 한 업무에 트집을 잡는 듯한 일은 하고 싶지 않습니다. 그 사람의 체면을 손상시켜서는 안 되니까요."

"당신은 트집을 잡기 위해서 검증을 하는 것이 아닙니다. 불량품을 없애기 위해서 하는 것이지요. 체면을 손상시키는 일을 하는 게 아니니 걱정 마십시오."

이렇게 검증의 목적을 설명하며 부드럽게 타이르고, 반드시 실행할 것을 확인하고서야 비로소 개선되었다.

극히 최근까지 일본 현장의 생산성은 세계 최고라는 말을 들어왔다. 그러나 어느새 자만심과 방심이 생겨나 '그 정도는 충분히 알고 있다, 현장에 대해서 참견하지 않아도 좋다'라는 잘못된 사고방식이 생겼고 그에 따라 중요한 관리 작업까지 소홀해졌다. 관리 부실 하나로 돌이킬 수 없을 정도로 사회적 신용을 잃고 회사 존망의 위기에 빠지게 된 것이다. 어떤 일을 하건 plan-do-check, action이 중요하다. 기업에서 일어난 많은 사건은 그것들을 소홀히 했던 탓에 발생했다는 것을 깨닫지 않으면 안 된다.

자연의 지혜와 경영

불황에 대처하는 기업의 자세 | 『성서』에 '이익이 없음에도 인간은 신을 공경해야 하는 것일까'라는 주제로 욥과 그의 친구가 긴 대화를 나누는 내용이 담긴 「욥기」라는 편이 있다. 그 편에 나오는 욥의 말 중에는 "우리는 신으로부터 많은 행복을 받았기 때문에 불행도 받아들여야 한다"라는 구절이 있다. 그 구절은 인간으로서의 생각, 삶의 방식으로서 극히 중요한 의미를 갖고 있다. 나는 늘 마음속 깊이 그 구절을 새겨 두고 있다. 행복할 때가 있으면 불행할 때도 있다. 그것이 인간이다. 지금 불황이라고 해서 그것에 무너져서는 안 된다. 달게 받아들이고 그것을 딛고 넘어서려는 것, 그것이 인간인

것이다. 그래서 인간은 '불황, 너 한번 와봐!'라며 마주서는 대범한 호걸인 한편, 산업계의 암운을 쫓아버릴 행운의 바람이 빨리 불어오기를 바라고 있는 소인배이기도 하다.

정치가도 경제 평론가도, 다양한 경제 연구기관도 더이상 경기가 나빠지지는 않을 것이라고 한다. 기업의 재고도 적당량이 되었으며, 추가경정예산도 결정되었다. 봄은 이미 저곳까지 와 있다고 하지만, 그것을 그대로 받아들여서 다시 우리들의 세상을 구가할 수 있을 때가 올 거라고 생각하는 경영자는 전무하다고 해도 좋을 것이다. 그것은 왜일까. 단기적으로는 불황의 영향이 강하지만, 그 뒤에 이어지는 불안감이 마음속에 존재하고 있기 때문일 것이다. 가장 큰 불안감은 세계적인 정치, 경제의 움직임이다.

많은 사람들이 북미, 유럽에 초점을 맞추지만, 현재 경제계의 초점은 아시아의 움직임에 있다고 해도 과언이 아니다. 아시아 국가들은 전후 일본의 고도성장 당시와 비교할 바가 아닐 정도로 커다란 약진을 하고 있기 때문이다. 따라서 일본의 기업 경영자는 자사를 지키고 성장시키기 위해 쉴 틈도 없이 경쟁사 이상의 지혜를 발휘해야 한다. 정체는 밀려나는 것을 의미할 뿐이다. 지금이야말로 지혜가 가장 중요한 때이다.

인간을 뛰어넘는 자연의 지혜 | 니가타(新潟)에 사는 친구로부터 '올해는 남천 열매가 위쪽 가지에 열렸어. 눈이 많이 올 것 같아'라는 편지가 왔다. 눈이 많은 지역에서는 흔히 하는 말이다. 힘들게 맺은 열매도 눈에 묻히면 새가 쪼아 먹을 수 없으니 아예 처음부터 열매를 높이 맺는다는 게 남천의 지혜이다. 인간으로서는 도저히 알 수 없는 초목의 지혜를 통해 그 해의 적설량을 감지할 수 있는 것이다.

나도 잠시 펜을 멈추고 돌연 뒤뜰을 산책했다. 자세히 보니 서로 경쟁하듯 선명하게 매달려 있는 열매가 보여 깜짝 놀란다. 하늘을 나는 새들의 눈에 띄기 쉽도록 지혜를 짜낸 것이다. 열매 중에는 주목의 열매처럼 단맛이 강한 것이 많은데, 열매는 달지만 그 안에 있는 씨에 유독 성분이 있는 것도 있다. 씨는 꼭 버리라는 의미일까. 그것은 더욱 진화된 나무의 지혜이다.

살아남기 위한 자연의 지혜 중에서 더욱 놀라운 것은 탁란(托卵)이라는 기법이다. 두견새나 뻐꾸기가 다른 새의 둥지에 몰래 알을 낳는 탁란을 한다는 것은 이미 알려져 있다. 그런데 탁란을 이용하는 물고기도 있다는 것을 다큐멘터리 프로그램을 통해 알게 되었다. 아프리카 중부 탕가니카(Tanganyika) 호수에 서식하는 메기과의 한 어종은 틸라피아라는 물고기가 알을 자신의 입 속에서 부화시키는 것을 알고, 틸라피아가 알을 낳아 입에 넣을 때까지의 극히 짧은 한순간을 노려 자신의 알을 같은 장소에 재빨리 낳아 함께 틸라피아의 입에 넣는다. 함께 섞여 들어간 알은 틸라피아의 알보다 조금 빨리 부화해서 성장한 후, 아직 부화되지 않은 틸라피아의 알을 먹어 영양을 섭취한 후 입에서 뛰쳐나온다. 자신의 알이라고 생각해서 소중하게 지켜 왔던 틸라피아는 분명 분

노했을 것이다. 그 지혜는 나쁜 지혜일지도 모르지만, 과연 적자생존, 지혜 생존의 법칙을 적나라하게 보여주고 있다.

자연의 섭리대로 경영하라 | 현재의 불황은 욥이 말하는 불행이 아니다. 어리석은 인간이 스스로 만들어낸 불행이라고 할 수 있다. 되돌아보면 최근 수 년간 소비구조의 변혁이 예측되었음에도 불구하고, '만들고 팔아라' '주식을 사면 돈을 벌 수 있다' '땅을 사면 돈을 벌 수 있다'라는 말만 반복했다. 그렇게 하면 결과가 어떻게 될지 충분이 알고 있었음에도, 메뚜기떼처럼 계속 나아갔던 것이다. 그 결과가 오늘의 불황이다. 그러나 이미 지난 일, 푸념한다고 되돌릴 수는 없다. 되돌리기 위해서는 동식물에 지지 않는 지혜를 짜내는 수밖에 없다.

경영자와 관리자는 정말로 지혜를 짜내고 있는 것일까. 어떤 업계처럼 서비스라는 이름으로 막대한 배송비를 부담하며 고객에게 무료 배송을 해주거나, 신용카드를 발행해서 현금 소지의 불편함을 없애 준 것은 좋다. 그러나 더 나아가 할인 제도까지 도입해서 이윤을 없애고, 세일 기간을 앞당겨서 스스로 무덤을 파는 행위마저 서슴지 않는다. 결과가 뻔히 보이는 길로 무작정 돌진하는 행동을 계속해서 반복하고 있는 것이다. 아무리 불황이라고 해도 자멸할 위험이 높은 경영을 할 필요는 없다. 외부 요인에 치중하기보다 경영 비용 자체에 메스를 들이대어 개혁을 해야 살아남을 수 있다는 것은 자명한 이치가 아닐까.

지금 이 순간에 몰입하라

급한 지시가 빠르게 처리되지 않는 이유 | 세상의 많은 경영자, 관리자들은 대부분 보통 이상의 스트레스를 받고 있다고 한다. 왜 높은 위치에 있는 이들이 정신적 긴박감에 쫓기고, 정서불안에 빠질까. 생각해 보면 거기에는 몇 가지 이유가 있다. 그 중에서 두 가지는 특히 두드러진다.

하나는, 부하에게 지시한 것이 신속하게 전달되어 말단사원까지 정확한 행동으로 이어지는 경우는 희박하다는 사실이다. 왜인지 알 수는 없지만 그 중에는 지시한 내용이 언제 어디선가 사라져 버리는, 전혀 반응이 돌아오지 않는 상태로 끝나버리는 경우도 많다. 경영자로서는 이미 전달하거나 지시한 내용인데 전혀 변화가 없으니 스트레스를 받을 만하다.

또 하나의 스트레스 원인은 지시의 우선순위를 낮게 받아들인다는 것에 있다. 경영자가 아무리 곧바로 착수하라고 지시해도 받아들이는 쪽은 그 말 그대로 하지 않는 경우가 많다. 곧바로 하라고 지시한 내용을 멋대로 자신의 업무 순서에 끼워 넣기 때문에 시작하는 데에 시간이 걸리는 것이다.

상사가 아무리 급하다고 해도 곧바로 그 업무를 시작하는 사람은 그다지 많지 않다. 오히려 어떡해서든 조금 시간을 두고, 자신의 판단으로 순서를 결정한다. '이 일을 먼저 정리하고 나서 그 업무를 해야지, 그렇게 해도 늦지 않아, 내일은 시간적인 여유가 충분하니까 어떻게든 할 수 있을 거야, 내 업무가 더 급한데'라고. 이러니 지시를 받자마자 그 업무에 착수하는 것이 불가능할 수밖에 없다.

부하들이 갖고 있는 방심, 느슨함, 인식의 차이로 인해 상사 자신의 업무 속도, 납기가 늦어진다. 여러 가지 조사와 자료, 의견 등을 토대로 해서 재빨리 결단을 내리지 않으면 안 될 때, 단 한 가지가 늦어져도 결단은 내릴 수 없다. 자신의 오른손, 왼손이라면 곧바로 움직일 수 있지만, 다른 사람에게 부탁하면 그렇게 할 수 없다. 그렇다고 '귀찮으니까 내가 해야지'라고 해버리면, 그것은 더 이상 조직이 아닌 것이다.

화살은 한 개로 충분하다 | 겐코(兼好 1283~1350) 법사의 『도연초(徒然草)』에 나오는 이야기이다. 어떤 사람이 궁도를 배울 때, 두 개의 화살을 갖고 표적을 향했다. 그러자 그 모습을 본 스승이 말했다.

"초보자는 두 개의 화살을 갖고 서서는 안 된다. 화살이 두 개 있으면 다른 한 개의 화살을 믿고, 처음 화살을 소홀히 하게 되는 법이다. 쏘는 순간에 '안 맞으면 어때'라는 생각을 하기 쉽기 때문에, 마음을 하나로 집중해서 이 화살 하나로 결정하자고 생각해야 한다."

스승 앞에서 화살을 소홀히 하려는 생각 따위는 물론 하지 않았을 것이다. 그러나 방심은 자신이 의식하지 않더라도 어딘가 마음 한편에서 생겨난다는 것을 스승은 알고 있었던 것이다.

도를 배우고 수행하려는 사람은 보통 아침에는 저녁이 있다고 생각하고, 저녁에는 내일이 있다고 생각해서 천천히 공부하려고 한다. 그렇게 태평스런 마음이기 때문에 더더욱 자신에게 태평스런 마음이 자리 잡고 있다는 것을 알 도리가 없다. 다음 기회로 미루지 않고 지금 이 순간에 바로 한다는 것은 실로 어려운 일이라고 할 수 있다. 내일이라는 시간을 생각하지 않는다. 다른 도움도 받지 않는다. 지금밖에 없다, 이 순간밖에 없다. 이렇게 마음속에 항상 '지금, 현재, 이 순간'이라는, 단 하나의 화살밖에 가지고 있지 않다는 생활태도로 인생을 살아가는 사람만이 행복하다.

간부는 직원들이 그 소중한 마음을 지닐 수 있도록 계속해서 교육하고 일깨워 주어야 한다. 그것은 흔히 말하는 '조급함'이 아니다. 오히려 순간순간 자신의 본분에 집중하는 사람이 미루는 사람보다 마음의 여유를 갖고 인생을 살아갈 수 있기 때문이다.

사장의 원점 >>> 마음, 인간, 사회를 관통하는 경영철학

Ⅱ. 정(正), 선(善), 애(愛)의 인간 경영

어떠한 질풍에도 쓰러지지 않는 사람인가, 아닌가를 분별하는 것은 평상시에는 어렵지만 불황의 시기에는 아주 쉽게 알 수 있다. 기업도 무사태평하게 움직일 때는 사람의 진정한 능력을 알기 어렵지만, 곤란한 사태에 직면하면 그 사람의 능력을 알 수 있다. 질풍이 있어야 강인한 풀을 알 수 있으며, 불황이 있어야 인재를 알 수 있다. 지금이 그때라고 생각된다면 눈을 크게 뜰 일이다.

질풍이 불어야
강인한 풀을 알 수 있다

기업이 원하는 건 불황에 강한 인재 | 최근에는 누구를 만나든 화제에 오르는 것이 불황과 불경기에 대한 것들 뿐이다. 즐거운 이야기는 거의 없다. 경기가 침체되어 있는 것은 사실이지만, 이러한 시기에는 실제의 불경기보다 체감으로 느껴지는 불황이 더욱 무겁게 덮쳐오기 때문에 경영자들은 힘이 든다.

경영자들이 모이면 이야기는 더욱 무거워진다. 대출금 이자가 올랐다, 원가는 높아지는데 판매가는 제자리다, 투자를 해야 하지만 시기 파악이 어렵다, 노동시간은 줄어드는데 임금은 높아진다 등 경영에 관련된 어두운 이야기들이 오간다. 그러나 아무리 암울한 경제 현황 이야기로 시작했더라도 결국 인재 이야기로 대미를 장식하게 된다. 질풍이 불어야 강인한 풀을 알 수 있다고 하는데, 강인한 풀과 같이 불황에 강한 사람은 적다는 게 요지다. 경영자의 한 사람으로서 나 역시 공감하는 바이다.

어떤 사람이 내게 다음과 같은 이야기를 해주었다.

그의 친구이자 현재 중소기업을 경영하고 있는 A사장이 뜻밖의 방문을 했다. A사장의 회사도 치열한 경쟁과 불황으로 인해 자금난에 허덕이다 집을 담보로 대출을 받았는데 그 대출금의 상환기간에도 쫓기고 있었다. 부모와 형제에게도 자금을 빌렸지만 여전히 부족하자, A사장은 여러모로 대책을 강구하다가 그를 찾아와 오백만 엔을 빌려줄 수 없겠냐고 부탁을 해온 것이다.

그는 그 이야기를 듣고 도와주려고 생각했지만, A사장의 아내와 대학생인 두 아들이 각각 자가용을 소유하고 있다는 것을 알게 되었다. "왜 차를 처분해서 당신을 돕지 않는가"라고 묻자, 아내도 아들도 절대로 차를 잃고 싶지 않다고 한다고, 돈을 빌린 것은 아버지니까 아버지가 책임을 지고 처리해야 할 문제가 아니냐고 말했다고 한다. 그래서 당신은 그대로 물러선 것인가라고 묻자, 정말로 골치 아프다며, 아내와 아들의 사고방식, 언동을 한탄했다는 것이 아닌가.

그는 그 이야기를 듣고 부탁을 거절했다고 한다. A사장은 회사 직원에게 '강인한 풀'이 되기를 요구하기는커녕, 자신의 집에서조차 '약한 풀'일 뿐인 사람이다. 긴급한 상황에서도 서로를 돕는 상식조차 갖고 있지 않은, 어처구니없는 가정을 만든 인간에게 경영 능력이 있을 리 없다는 것이 그의 결론이었다.

'강인한 풀'을 찾기 어려운 이유 | 곰곰이 생각해 보니 요즘 기업 경영의 어려움은 그 가정에 비교할 바가 아니다. 지금까지는 기업 인재관이 기업 쪽의 기업관이나 노동관, 혹은 기업의 방침에 의해 결정되었다. 그리

고 직원들도 기업 방침에 맞춰 자신의 의식이나 행동을 바꾸는 것을 당연하게 여겨 왔다. 그러나 최근에는 기업의 인재관과 직원의 노동관 사이에 수많은 차이가 있다.

특히 노동자 쪽에 초점을 맞춰 보면 정말로 큰 노동관의 변화를 볼 수 있다. 예전에 신인류의 출현이라고 떠들썩했던 시대, 즉 세상이 프리 타임 지향으로 나아가는 것을 시작으로 해서, 아침형 노동자, 저녁형 노동자로 업무를 다양화하는 것이 좋다든가, 라이프 스테이지에 맞춰서 융통성 있는 고용을 생각해야 한다는 등의 주장을 한다. 전반적인 경향으로는 노동자에서 생활자로의 변화가 보이고, 집단적 지향에서 개인 지향으로, 그리고 강한 자기 주장이 드러나는 세대가 되었다는 것은 사실인 듯하다.

즉, 회사보다 자신을 소중히 하고 싶다는 것이다. 따라서 개개인의 업무에 있어서도, '일이 우선'이라는 가치관에서 '일은 생활의 일부'로 인식하는 사람이 많아졌다는 것을 깨닫지 않으면 안 된다.

물론 이처럼 인생관이나 가치관이 다른 사람들은 예

전부터 존재했지만, 지금은 보다 자기 중심적으로 변했다는 게 특징이다. 이렇게 집단 속에서 행복을 추구한다는 사회 생활의 의미가 사라져가고 있는 현대에 있어서 '강인한 풀'을 키운다고 하는 것은 실로 어려운 일이 되었다. 그러나 어려운 일이지만 피할 수는 없는 일이다. 피하게 되면 앞으로도 계속해서 닥치게 될 불황을 극복할 경영 체제를 만들 수 없다.

언제, 어떤 상황에서도 하지 않으면 안 되는 자신의 역할과 과제를 확실하게 해나가는 사람을 키워야 한다. 맹자(孟子)가 "사람은 능력이 없다고 해서 푸념하거나 한탄할 필요가 없다. 핵심은 실행, 노력이 없는 것이다"라고 했듯이, 단지 해야 할 일을 오로지 실행해 가는, 그러한 사람들로 이루어진 기업은 도산하지 않는다.

강인한 인재를 길러내는 법 | 어떠한 질풍에도 쓰러지지 않는 사람인가, 아닌가를 분별하는 것은 평상시에

는 어렵지만 불황의 시기에는 아주 쉽게 알 수 있다. 그렇다면 그들을 어떻게 분별하고 어떻게 육성해야 하는가.

우선 공격적 업무가 적은 부문에는 '강인한 풀'이 자라기 어렵다. 조직의 업무 내용을 재검토해서 공격적이고 진취적인 업무를 많이 만들어야 한다. 또한 매년 업무 내용이 같고 특별한 부가가치가 없는 부문에서는 매년 새로운 부가가치에 대한 목표를 부여해야 한다. 이론가 체질의 사람, 또는 끝없이 논리를 세워 자신을 정당화하는 사람, 그런 사람들의 공통점은 실행이 동반되지 않는다는 점이다. 그러한 사람들에게는 목표와 적당한 과제를 부여해서 계속적인 평가를 해야 한다.

불황일수록 리스크를 각오하고 인재의 등용과 재배치를 실시해야 할 것이다. 외부의 지혜도 도입한다. 또한 일을 잘 해낸 사람에 대한 표창도 필요하다. 그 외에도 들자면 끝이 없다.

'질풍에 강인한 풀을 안다'와 같은 의미로 자주 사용되는 말로 '반근착절(盤根錯節, 복잡하게 서로 얽힌 뿌리와

마디)을 만났을 때 예리한 칼날을 안다'라는 말이 있다. 오래된 뿌리나 뒤얽힌 마디를 만났을 때 비로소 도구의 성능을 알 수 있다는 뜻이다. 기업도 무사태평하게 움직이고 있을 때에는 사람의 진정한 능력을 알기 어렵지만, 곤란한 사태에 직면하면 그 사람의 능력을 알 수 있다. 질풍이 있어야 강인한 풀을 알 수 있으며, 불황이 있어야 인재를 알 수 있다. 지금이 그때라고 생각된다면 눈을 크게 뜰 일이다.

사람을 대하는 마음가짐

시간의 지층 속에서 빛나는 화석 | '시간은 흐르지 않는다. 쌓이는 것이다'라는 카피가 있었다. 그 말 그대로 인생은 하루하루가 쌓여 가는 것이다. 이 쌓이고 쌓인 시간의 지층 사이에는, 몇 번이고 꺼내서 생각하게 하는 사건이나 인물이 있다. 그것은 화석처럼 남겨진 '잊을 수 없는 것'이며, '잊을 수 없는 사람들'이다. 이 시간 속 화석들은 당시의 마음 상태나 세월의 흐름에 따라 색깔이 달라지는데, 점점 퇴색하는 것도 있는 반면, 응축되어 색이 짙어지고 무게가 증가하는 것도 있다. 그리고 그 중에는 죽을 때까지 잊을 수 없는 사람으로서 존재하는 사람도 있다.

앞서 프로의 정신을 설명하면서 예로 든, 고급 음식점에서 벌컥 화를 내서 날 당황하게 한 시코쿠의 사장은 시간이 흐를수록 더욱 아름다운 기억으로 남는다. 물론 그때는 좋은 인상이 아니었지만 시간의 지층이 덮이고 나 자신이 조금씩 성숙해지자 그 가치가 더 완연히 드러나는 것이다. 만나는 사람마다 이렇게 좋은 기억으로만 남는다면 더 바랄 게 없겠지만, 가끔 그렇게 되지 않을 때가 있다. 그런 이들 중에는 자신의 실수를 지금이나마 반성했을지, 안타까운 사람도 간혹 있다.

인재를 학력으로 평가할 수 있는가 | 최근에 사장답지 않은 사장과 동석했을 때의 일이다. 마침 간담회가 끝나고 남아 있던 몇몇 사람들이 잡담을 하던 중이었다. 그때 S사장이 모 회사의 M사장에게 이런 말을 하는 것이 들렸다.

"귀사에는 ○○대학 출신자가 많다는 이야기를 들었

습니다. ○○대학 출신자를 어떻게 잘 다루시네요. 힘드시죠?"

이것은 지나치게 무신경한 말이 아닌가. 그 얘기를 들은 M사장은 조금 화가 난 표정을 보이다가 쓴 웃음을 지었지만, 말한 본인은 전혀 신경 쓰지 않고 큰 목소리로 떠들고 있었다.

인간은 누구라도 잘못을 저지르는 법이다. 자신의 의도와는 다르게 상대에게 상처를 주게 되는 경우도 물론 있을 수 있다. S사장 역시 상처를 주려고 한 말은 아닐 것이다. 그러나 그렇다고 해도 그의 말은 너무 오만해서 도저히 용서할 수 없다는 생각이 들었다. 내가 그를 단순히 말버릇이 좋지 않은 사람일 뿐이라고 치부해 버릴 수 없는 이유가 따로 있다. 그 사람은 다도를 깊이 즐기는 사람이라고 했다. 벌써 이십 년 이상이나 다도에 전념하고 있다고 한다. 그렇게 오랜 시간 동안 다도를 즐겼다는 사람이 어떻게 이렇게 무신경한 말을 할 수 있단 말인가. 도대체 무슨 목적으로 다도를 수련하고 있는 것인지 묻고 싶어진다.

일본 다도를 정립한 것으로 이름 높은 센노 리큐(千利休 1522~1591)를 문하에 두고 다도의 사상을 전했다고 하는 그의 스승 다케노 조오(武野紹鷗 1502~1555)는 '차의 뜨거운 물은 정성스럽게 교체해야 한다는 사실을 교만한 자는 결코 배울 수 없다'라는 소중한 가르침을 많은 제자들에게 전했다. 그는 그 가르침조차 체득하지 못하고 있는가. 이것이 나의 첫번째 원통함이다.

앞에서 말한 시코쿠의 사장이 취한 태도와 지금 이야기한 S사장의 태도 중 어느 쪽이 거만한 것인지 깊이 생각해 볼 만하다. 시코쿠의 사장은 표면적으로는 거칠고 속좁아 보일지도 모르지만, 그 마음은 '이런 식으로 해서는 안 되지 않는가, 조금 더 일에 대한 자긍심을 가져라. 확실하게 해라'라는 바람이 담겨 있었다고 생각한다. 그것과는 반대로 S사장은 겉으로는 부드러웠다. 그러나 무례하기 그지없는 사람은 바로 이런 사람을 지칭한다고 할 수 있을 정도로 기본이 되어 있지 않다.

두번째의 원통함은, 윗사람은 학력 따위를 입에 올려서는 안 된다고 하는 것을 진정 모르는가에 대한 원통함이다. 경영자는 다양한 인간 집단의 대표로서, 사람의 감정에 대해 충분히 조심하지 않으면 안 된다. 그것이 경영자로서의 인격 중 하나라고 생각한다. 왜 학력주의에 연연하고, 획일적으로밖에 사물을 보지 않는가. 그건 아마도 사장이나 간부들이 큰 업무를 행할 때 극히 일부의 사람들과만 접촉하고 다른 사람과의 접촉은 거의 없기 때문이 아닐까. 그렇게 되면 아무래도 형식적이고 즉흥적으로 사람을 평가하게 된다는 것도 또한 부정할 수 없는 사실이다. 그래서 수많은 정치가, 학자들이 아무리 학력 중심의 사회가 좋지 않다고 외쳐도 전혀 변하지 않는 것이다. 이 상태가 지속되면 학력이 부족한 사람들의 감정이나 의견 등을 아무렇지도 않게 무시하는 태도가 조금도 고쳐지지 않을 것이다. 그래서는 안 된다. 그러한 경영 감각을 지닌 사람이 어떻게 대표의 자리에 있는 것인지, 비분강개의 감정을 참을 수 없다.

학력보다 중요한 것은 실행력 | 기업 경영에 있어서의 모든 간부, 관리직은 매일매일 결단과 실행의 연속이다. 그런데 학생시절 우수하다는 말을 들었던 사람들 중에는 특히 지식만을 내세우는 논쟁과 논평만 일삼고 아무런 결단, 설득, 실행, 또는 행동에 들어가지 못하는 사람이 많다. 사람들을 힘 있게 끌어당기는 박력이 부족하다는 얘기다.

학문은 실천을 동반할 때 비로소 가치 있는 것이 된다. 중국의 순자(荀子)는 "알고 실천하는 것이 무엇보다 중요하며, 학문은 실행을 통해서 진정으로 깨우치게 되는 것이다. 실행을 해보고 나서야 비로소 확실한 것을 알 수 있는 것이다"라고 했다. 학력이 아무리 좋은 사람이라 한들 실행력이 있는 자를 감히 따를 수 있겠는가. 성공했다는 경영자들의 학력이 다양한 이유는 아마 거기에 있을 것이다.

학력만이 모든 것은 아니다. 공부는 일생 동안 해야 하는 것이다. 자기 자신에게 지식, 교양이라는 갑옷을 입히고, 실패하거나 상처 입는 것을 두려워해서 체제나 형식을 강조하는 사람보다는, 시코쿠의 사장처럼 조금 난폭할 수도 있지만 주저하지 않고 결단, 실행하는 사람이 언제까지고 '잊을 수 없는 사람'으로 남아 있는 이유다.

공이 과를 이길 때

모난 인재가 빛을 발한다 | 가끔 같은 업종의 다른 회사로부터는 "그 회사는 인원이 그렇게 많은데도 기능적으로 잘 돌아가고 있는 듯하다. 인사관리의 비결을 알고 싶다"는 말을 듣는다. 그러나 사내의 목소리는 다르다. '사장은 사원의 능력이나 고객의 만족에 대해서는 가차없이 말하는 반면, 그 사람의 인격이나 언동에 대해서는 너무 관대하다'고 하는 의견도 많은 편이다. '조금 더 시시비비를 가려 나쁘다고 생각되는 사람에게는 그 나쁜 점을 거리낌없이 지적하고 그래도 고치지 않는 사람은 해고해야 한다'고 하는 사람도 있다. 그러나 인사에 대한 내 생각은 조금 다르다.

회사에는 거의 매월 새로운 사원이 증원된다. 작년에도 수십 명이 입사했고 올해도 이미 수십 명의 사원들이 또다시 입사했다. 우리 회사는 다른 회사들과는 달리, 업무의 성격상 대졸 신입사원은 극히 적다. 입사한 대다수의 사람들은 삼십대에서 오십대의 사람들이다. 그 사람들은 이미 한 번 이상은 어떤 회사든 출근해서 경험을 쌓은 적이 있다. 그리고 우리 회사에 입사하는 이유로 생애를 걸고 자신의 능력을 살리고 싶다는 사람이 압도적으로 많다. 아마도 전 직장에서 개성이 강해서 자신의 주장이나 능력을 인정받지 못했거나, 충분한 평가를 받지 못해서 새로이 자신의 능력을 살릴 수 있는 장소로 우리 회사를 선택한 게 아닐까.

우리 회사는 그러한 사람들로 구성되어 있기 때문에, 한 사람 한 사람은 뛰어나지만, 그 중에는 독특하고 특이한 생각을 지닌 사람도 있다. 그 때문에 자신의 생각을 억제하지 못해 다른 사람에게 비협조적인 사람도 있다. 의견이나 발언이 부드럽지 않은 사람도 있고, 상식적인 행동을 하기 어려운 사람도 조금은 있다. 그러나 그러한 사람들이기 때문에 오히려 업무를 할 때에는 엄청난 능력을 발휘하기도 하고, 이전까지는 할 수 없었던 일을 해냄으로써 높은 평가를 받기도 한다. 그런 모습을 지켜보면 세상에 가장 많은 것은 사람이며, 가장 적은 것도 사람이라는 말이 피부로 느껴진다.

공이 과를 이길 때는 벌하지 않는다 | 어느 세상에서든 이상적으로만 갈 수는 없는 인간 사회의 고민, 어려움이 있다. 감점주의(減點主義)만으로는 인사관리를 제대로 할 수 없다. 그러면 어떻게 해야 할까. 나는 결코 인문학의 대가가 아니지만, 인간에 관해서만큼은 육십 년이 넘는 삶을 통한 인생 경험과 예부터 전해지는 수많은 교훈이나 훈계, 속담을 통해 배우고 있다. 나는 그것을 소중히 여기고 그 가르침에 따라서 경영을 하고 있을 뿐이다. 수많은 인사관리 중에서 중요한 포인트 하나를 꼽자면 그 첫번째는 '공이 과를 이겼을 때에는 벌하지

않는다, 공이 과와 같을 때에는 이를 미뤄 둔다'가 될 것이다.

손권(孫權 182~252)은 사람을 볼 때 그 장점을 귀히 여기고, 그 단점을 잊으라고 했으며 공자는 먼저 책임을 맡기고 작은 과오를 용서해 주며 현명한 인재를 등용해야 한다고 주장했다. 그는 작은 것을 참지 못하면 큰 계획을 어지럽힌다는 말도 남겼다. 『채근담(菜根譚)』에는 '사람의 작은 과오를 탓하지 않고, 사람의 비밀을 발하지 않고, 사람의 오래전 악을 생각하지 않는다. 그 세 가지로 덕을 쌓아야 하며, 또한 나쁜 것을 멀리해야 한다'는 가르침이 있다.

후한의 장군 반초(班超 33~102)가 후임자인 임상(任尙)을 훈계한 유명한 말 '자네는 지나치게 엄격하고 청렴한 성격을 내세워 규율과 규칙에 치중한 정치를 했기 때문에, 사람들의 마음이 떠나서 서역의 평화가 무너진 것'이라는 말은 결코 잊을 수가 없다.

『한서(漢書)』에는 물이 너무 맑으면 고기가 없고, 사람이 너무 살피면 따르는 자가 없다는 말이 나와 있고

『후한서』에도 물이 맑으면 큰 물고기가 없고 정치가 엄격하면 아랫사람의 화(和)를 얻지 못한다는 말이 있다. 공자도 또한 청탁병탄(淸濁竝呑, 도량이 커서 선인이나 악인을 가리지 않고 널리 포용함)의 중요성을 가르치고 있다.

엄격하게, 그러나 관용을 베풀며 | 내가 이렇게 말하면, '상사에게 복종하지 않는 것은 반란의 징조이다' '반골(反骨) 정신이 있는 자는 한때 은혜를 느껴도 반드시 다시 반골을 드러낸다. 죽음으로 끝내는 수밖에 없다'라는 말도 있지 않느냐며, 반론을 제기하는 사람도 있을 것이다. 그 반론에 대한 대응으로 다음의 두 가지를 들고자 한다. 한 가지는 정말로 그 사람은 교제를 끊어야 할 사람인가에 대한 글이다.

"좋은 활은 당기기 어렵다. 그렇지만 높게 날아가며 깊게 꽂힌다. 좋은 말은 타기 어렵다. 그렇지만 무게를 견디고 멀리 이를 수 있다."

즉, 뛰어난 인재는 상사의 명령에 쉽게 움직이지 않지만, 윗사람이 능력을 충분히 발휘할 수 있게 도우면 커다란 성과를 올리게 된다는 것이다. 다른 한 가지는, 한 번은 용서해야 한다는 관용의 필요성이다.

"이미 지난 일에는 충고하지 말며 과거의 일을 책망하지 말라."

그러나 두 번, 세 번 잘못을 범하는 사람은 물러서도록 한다. '녹은 쇠에서 생기지만 쇠를 먹는다'는 말처럼 잘못을 반복하는 사람이 기업 전체를 힘들게 하기 때문이다. 나는 인사를 다루는 사람들이 이렇게 반성하는 마음과 함께 엄격함을 모두 지녔으면 한다. 그리고 엄격함의 반면으로 공적을 이룬 사람에게는 충분히 보답하는 따뜻한 마음도 가졌으면 한다. '공을 치사할 때는 천금을 아까워하지 말고, 공로 없이 바라는 자에게는 아무것도 주지 않는다'는 말과 같이 과감한 보답도 필요하다.

관자(管子)는 "일 년의 계획은 곡식을 키우는 것과 같고, 십 년의 계획은 나무를 키우는 것과 같으며 평생의 계획은 사람을 키우는 것과 같다"라는 말을 했다. 기업의 운영에도 인간 문제는 어렵다. 확고한 자세로 경거망동을 삼가고, 자연의 길을 따르지 않으면 안 된다. 노자(老子)가 말하길, "사람은 땅을 따르고 땅은 하늘을 따르며 하늘은 도를 따르고 도는 자연을 따른다"고 했다. 『사기(史記)』에도 '복숭아와 자두는 말을 하지 않지만, 그 아래 길이 만들어진다'*는 말이 있는데, 잊어서는 안 되는 말이라고 생각한다.

마지막으로 나 자신이 명나라 때의 유학자 최후거(崔後渠)처럼 되었으면 하는 마음으로 최후거의 말을 남겨 볼까 한다.

"자기 자신에 대해서는 초연하고, 다른 사람에 대해서는 온화하게, 유사시에는 용감하게, 일이 없을 때에는 맑게, 득의(得意)할 때에는 담담하게, 실의할 때에는 태연하게 처신하라."

---

* 복숭아와 자두는 아무 말도 하지 않지만, 꽃이 아름답고 열매가 맺히기 때문에 저절로 많은 사람들이 찾아와 작은 길이 생긴다. 훌륭한 사람 주변에는 자연스럽게 사람들이 모인다는 의미. (역주)

남의 지혜를 잘 쓰는 사람이
진짜 경영자

내 회사의 일은 내가 제일 잘 안다? | 직업상 한 나라를 대표하는 기업의 정상에 계신 분들과 만날 기회가 많다. 그런 분들과 만나게 되면 자연스럽게 그분들의 인품에 감탄하게 된다. 최고위에 계신 분들은 역시 기업의 총수로서 그 기업의 운명을 지고 있기 때문에 각자의 개성이 있고 뚜렷한 인생관을 지니고 있다. 그 대담한 기운, 열의, 유연한 사고, 발군의 통찰력, 그리고 강렬한 인상을 남기는 인간성이 정말 놀라울 따름이다. 이런 분들과 자주 만날 수 있는 나는 행운아라고 매일 감사하는 마음을 갖곤 한다. 그런데 그 중 한 사장님에게는 조금

아쉬움을 느낀 적이 있었다.

나와 동년배인 사장님과 친구의 소개로 함께 식사를 하게 되었는데, 입을 열자마자 한 첫 마디가 "당신은 왜 이런 일을 하는 거요?"라는 꽤나 고압적인 말이었다. 그래서 내가 "사람에게 의사가 필요한 것처럼 기업 경영에도 컨설턴트가 필요하다고 생각해서요"라고 대답하자 이번에는 "왜 본사를 긴자(銀座)에 둔 거요?"라고 물었다.

그 말에 '어디서 영업을 하든 무슨 상관인가'라고 생각했다. 사실 본사를 긴자에 둔 것에는 내 나름의 연유가 있다. 초등학교 오학년 때 어머니를 따라 처음으로 긴자 거리를 걸었을 때 어머니가 내게 "여기에 있는 빌딩은 일본을 대표하는 가게란다"라고 말씀하셨다. 일찍 돌아가신 어머니와 함께 지낸 시간 중에 선명한 기억으로 남아 있어서 나는 어느샌가 '긴자에 회사를…'이라는 꿈을 품게 된 것이다.

여하튼 조금 무례하다고 생각되는 질문을 연달아 받았는데, 이 사장이 마지막으로 한 말이 가장 놀라웠다.

"나는 사장이 되고 육 년 동안 아직 경영 컨설턴트에게 부탁한 적이 없소. 내 회사 일은 내가 제일 잘 알고 외부 사람이 나 이상으로 우리 회사를 알 리가 없다고 생각하오."

짐은 국가이며 또한 태양의 신 아폴론이라고 선언한 루이 14세를 방불케 하는 이 말을 듣고 나는 그가 상당한 자의식 과잉, 자기 완결형 사람이라고 생각했다. 그리고 다른 사람의 말을 받아들이고 이해하는 포용력을 갖지 못한 모습에 조금 안타깝기까지 했다. 그는 '누군가 내 잘못을 알고 있다. 내 과오는 늘 내 앞에 있다'라는 가르침을 잠깐이라도 떠올려 본 적이 있을까. 이런 말은 진정한 경영자가 할 말이 아니다. 신을 모독하는 말이다.

경영자의 과신 | 사장으로서의 권위 행사를 순수하게 보면 자신이 계승한 소중한 경영 자원을 얼마나 키워서

다음 시대로 물려주는가를 뜻한다. 이 사장은 자신만의 역량으로 일하다가 혹시 실패하면 마지막에는 책임을 지고 그만두면 된다는 생각인 걸까. 그러나 기업을 운영한다는 것은 사회적 책임을 지고 있다는 뜻이기도 하다. 문제가 발생할 경우 사임한다는 것만으로는 해결되지 않는다는 얘기다. 그는 회사를 지배하는 권한을 가지고 있다고 생각하는 걸까. 그런 마음으로는 회사를 대표하는 권위자라고 할 수 없다. 내 위에 있는 사람은 없다, 뭐든지 내가 한다. 그게 더 좋다고 생각하고 행동하는 것은 활기차고 대범해 보이지만, 이건 자신이 아닌 과신에 지나지 않는다. 기업이 커지면 커질수록 다른 사람의 힘을 빌리는 비율이 점점 늘어나는 것을 모르는 사람의 사고방식이 아닌가.

인간은 결코 완벽할 수 없다. 간부 한 사람 한 사람, 관리자 한 사람 한 사람이 조금씩 예상하는 바가 다르고 생각이 달라서 잘못된 판단을 하거나, 제출되는 A안과 B안 중 어느 것을 채용할지 고민하다가 생각도 않았던 C안이라는 기회 이익을 잃게 되는 일은 매일같이 벌어지고 있다.

경영자도 인간이다. 자신이 무엇이 뛰어나고 무엇이 미흡한지 잘 알고 있을 것이다. 중요한 것은, 전통 가극 노(能)의 대가 제아미(世阿彌 1363?~1443?)의 『풍자화전(風姿花傳)』에 나오는 명언 "초심을 잊지 말라"는 말대로 사장에 취임했을 때의 마음을 평생 지니고 사는 것이다. 거만해져서 오만하게 굴지 말고, 싫어도 물리치지 말며, 괴로움에서 도피하지 말고 온갖 경영 자원을 투입해서 주위에 뒤쳐지지 않도록 착실하게 나아가야 한다. 불황에도 참기만 해서는 안 된다. 일시적으로는 긴급 피난책으로 몸을 줄여서 버티는 것도 필요하지만, 일 년, 이 년이 지나도록 참기만 하는 건 단순한 겁쟁이이며 게으름뱅이에 지나지 않는다.

의견을 결집하여 판단하는 리더십 | 불황을 기회라고 생각하면 대응도 달라진다. 기업 활동이 잘 되지 않

는 데는 물론 불황의 영향, 사업 전략의 어려움, 뒤늦은 기술개발을 비롯해 여러 가지 문제를 지적할 수 있다. 하지만, 다 정상적으로 이루어진다 하더라도 앞서 말한 사장님처럼 기업을 발전시키기 위해 회사 안팎의 모든 능력을 결집한다는 강력한 정신이 부족할 때는 심각한 사태에 처하게 될 수 있다.

예전에 미국에서는 개개인의 능력을 중시하는 풍토와 개척정신, 모험심이 산업을 순조롭게 발전시키는 기반이었지만, 이런 훌륭한 기업 정신도 지금은 빛이 바랬다. 오늘날처럼 정치적, 경제적으로 복잡해진 사회 속에서 기업의 리더십을 얻는 것은 자신만의 생각이 아니라 남의 지혜를 얼마나 잘 결집해서 자신의 생각을 발전시키고 검증하며 과제에 임하느냐에 달렸다고 생각한다.

고향의 벚꽃 소식에 나라(奈良)에 있는 호류사(法隆寺)의 석가삼존상(釋迦三尊像)을 떠올렸다. 몇 년 전 화창한 봄 햇살이 숨어드는 불당 안에서 천수백 년의 세월을 보내며 인간의 흥망성쇠를 조용히 바라보고 있는 석가여래상과 만났다. 그 왼쪽에는 지혜를 관장하는 문수보살이, 그리고 오른쪽에는 이성을 관장하는 보현보살이 협시(脇侍)해 있었다. 석가여래도 보살들의 지혜와 이성을 필요로 했던 것이리라.

선택 받는 경영자

경영자의 세 가지 조건 | 간사이(關西)의 한 기업 사장으로부터 전문가와 경영자의 소질에는 어떤 차이가 있는가에 대한 이야기를 들을 기회를 얻었다. 그 사장의 논리는 다음과 같은 것인데, 독자들은 어떻게 생각할지 궁금하다.

"경영자가 되기 위해서는 판매나 기술 측면에서 먼저 전문가로서의 이름을 높여야 한다. 많은 사원들이 '그 사람은 힘이 있다, 그 사람 밑에서 일하고 싶다'라는 존경의 마음이 들도록 하는 실력자인 동시에 매니지먼트 능력이 있는 사람이 최적일 것이다. 전문가여야 한다는 조건을 만족시킨 뒤에 매니지먼트 능력을 지니고 중급,

상급의 관리자를 거쳐 임원으로서 어울리는 두각을 드러내는 타입이 일본 회사에서 자연스럽게 받아들여지는 경우가 많다. 미국처럼 대학에서 경영학을 공부한 사람이 갑자기 끼어들어 높은 지위에 서서, 자신이야말로 경영자라고 할 수는 없는 것이다."

그리고 그 전문가가 경영자적 소질을 지니고 있는지 어떤지를 판단하는 데에는 크게 다음의 세 가지 포인트가 있다고 한다.

"첫번째는 모든 임무나 과제를 수행해 나가는 과정에서 자신의 힘만 과신하지 않고 어떻게 많은 사람들로부터 그들이 지니고 있는 지혜를 끌어내고 받아들이는지가 중요하다. 필요한 정보가 어디에 있고 어떻게 수집해서 어떻게 활용하는가를 끝없이 생각하는 사람이 적격이다.

두번째는 수많은 사원들의 마음을 하나로 모아 방향을 정하는 기획력, 모든 사람들의 동의를 얻을 수 있는 설득력, 완성으로 이끌어 가는 지도력, 다양한 사람들의 갈등을 풀어낼 수 있는 정치력 등을 겸비하고 있는가,

즉, 인간 집단의 리더로서 적합한 소질을 겸비하고 있는가 하는 점이다.

세번째는 윤리적 판단력에만 의존하지 않고 수많은 사항에 대해 강인한 의지로 일관할 수 있는가 없는가이다. 전문가는 언제나 정리(定理), 공리, 원리, 원칙 또는 여건, 규정, 규칙에 따라 행동하고 판단하고 결정한다. 그러나 경영자가 되어서까지 그렇게 한다면 그건 단순히 전문가의 연장선상에 있는 것에 지나지 않는다. 특히 격동하는 시대에 있어서는 더욱 그러하다. 부하 직원들의 대답은 거의 매일 '그것은 불가능하다. 이유는 이러하다'의 연속이다. 따라서 불가능한 이유의 정당성에 귀를 기울이는 것이 아니라, 엄격한 정신적 기준을 갖고 그것을 타파할 수 있어야 한다. 어떻게 하면 할 수 있을까, 불가능한 것을 가능하게 하기 위해서는 어떻게 해야 하는가에 대해서 부하들이 생각하도록 날카롭게 지적하고, 계속해서 가능하다는 대답을 요구할 줄 알아야 한다. 즉, 모든 곤란한 문제를 극복할 수 있는 강인한 정신력을 지닌 사람이어야 한다."

선택 받는 경영자를 꿈꿔라 | 나 역시도 그 사장의 주장에 동감한다. 특히 마지막 세번째 부분은 내가 가장 바라는 부분이기도 하다. 여기서 더 나아가 내가 원하는 것은, 지식이나 이론만을 내세우는 것이 아니라, 어떻게 살아가야 하는가에 대한 지혜, 급변하는 국제사회에 대한 선견력, 다른 사람을 감싸 안는 관용, 도의적인 면에서 존경을 받을 수 있는 품성, 위험을 피하지 않고 운명을 걸고 내리는 판단력, 또한 때로는 어떠한 사태에 대해 전체적인 입장에서 직관적으로 한눈에 꿰뚫어 보고 순간적으로 행동에 옮기는 실행력, 백만 명이라도 나를 당할 수 없다는 카리스마이다. 이런 것까지 겸비한다면 범에 날개를 단 것과 마찬가지가 아닐까. 그러나 이런 말을 하면 그런 기량을 가진 사람이 있다면 부디 소개시켜 달라는 요청이 쏟아질 듯한 기분이 든다. 그래서 도망가려는 것은 아니지만, 다음의 말로 바꾸고자 한다. 중국 후한(後漢) 광무제(光武帝)의 신하였던 명장 마원(馬援 BC 14~AD 49)의 말이다.

"왕만이 신하를 선택하는 것이 아니다. 신하 역시도 왕을 선택한다."

인간의 정(正), 선(善), 애(愛)

경영은 바르고 선하게 사랑을 실천하는 것 | 인생에는 다양한 드라마가 있다. 올림픽의 열띤 경기에 눈물을 흘리는 것도 드라마이며, 겨울 산의 조난으로부터 살아 돌아오는 기쁨 역시도 드라마이다. 기업인의 최대 드라마는 예정 또는 목표 이상의 성과를 사원들과 함께 땀을 흘리며 달성해 냈을 때일 것이다. 그 기쁨은 평생 잊을 수 없는 것이다. 그 기쁨과 성과는 좋은 팀워크와 거래처의 협력은 물론 한계를 향한 도전, 참가한 팀 전원의 정신력에 의해 만들어지는 부분이 실로 크지만, 또 하나의 절대 조건이라고 할 수 있는 경영의 기술도 큰 역할을 하고 있다.

고도의 경영 기술은 어떻게 생겨나는 것일까. 거기에는 공통된 진리가 있다. 뉴턴이 사과가 떨어지는 것을 보고 그것을 일반인처럼 방관하지 않고, '왜 떨어지는 것일까'라고 의문을 가짐으로써 만유인력을 발견해 낸 것처럼, 한 사람 한 사람의 사원이 모든 당연한 사실을 당연하다고 여기지 않고 항상 의문을 갖고 사물을 대하는 것에서 기업의 경영 기술이 만들어진다.

경영 기술들은 인간이 사용하는 것이며, 인간을 포함한 다양한 시스템에 응용할 수 있는 것이기 때문에 그 기술을 적용하는 측과 적용받는 측, 누구에게나 사랑받을 수 있는 기술이어야 한다. 그렇지 않으면 아무리 혁신적이고 새롭다고 해도 결과로서의 진정한 협력, 동의, 큰 효과, 또는 개선, 개혁이 오랫동안 지속될 수 없기 때문이다.

이해하기 쉽게 이야기하자면, 그 기술의 근저에 인간이 본래 겸비해야 하는 '정(正), 선(善), 애(愛)'가 없으면 결코 기업이나 직원 등 모든 사람들의 지지를 얻을 수 없다는 것이다. 여기서 말하는 '정, 선, 애'란 예를 들어 다음과 같은 것이다.

『논어(論語)』에서 유자(有子)는 '군자는 근본에 힘쓴다. 근본이 서면 길이 생긴다(君子務本, 本立而道生)'라고 '정'을 설명하고 있다. 도겐 선사는 '그 마음이 바르지 않으면 모든 노력은 허사가 된다'고 '선'의 마음을 강조한다. 또한 예수는 '설령 내가 신의 말을 전한다고 해도 사랑이 없으면 울리는 징과 같다'면서 '애'의 중요성, 존엄함을 말하고 있다. 『성서』에서 말하는 사랑은 세간에서 통속적으로 사용되는 사랑이 아니다. '사랑은 관용이자 자비이다. 질투하지 않고 자랑하지 않고 자만하지 않으며 무례하지 않고 자신의 이익을 추구하지 않으며 화내지 않으며 다른 사람의 잘못을 생각하지 않으며 불의를 싫어하며 진정한 기쁨을 즐거워하는 것이 진정한 사랑'이라고 가르치고 있다.

기술의 기본은 정, 선, 애의 마음가짐 | 이들 성자

들의 가르침처럼 기업을 운영하는 마음가짐에도 '정, 선, 애'가 깊게 관철되어 있어야 한다. 그 마음을 잊으면 커다란 과오를 범하게 된다.

'기업은 이윤을 높이지 않으면 안 된다'는 것만을 이야기하면 '그것은 기업의 에고다. 기업만이 돈을 벌면 되는 것인가' 하는 반론이 나온다. 기업이 이윤을 추구하는 이유는, 이윤이 있음으로 비로소 직원 및 가족 생활의 안정, 행복, 희망을 보장할 수 있기 때문이다. 또한 기업 활동을 지속할 수 있게 투자를 해준 주주에 대해서도 이윤으로 보답할 수 있으며, 그 이윤에 의해서 미래를 밝게 만드는 연구 투자를 할 수 있다는 보다 넓은 의미까지 포함되어 있다. 기업 활동의 결과로 생겨난 상품, 제품으로 사회에 대해 건강한 문화적 봉사와 공헌을 할 수 있는 것이다. 이윤이 없으면 그러한 것들을 해낼 수 없다. 이윤은 그러한 것들을 위해 필요한 것이다. 이윤이 지닌 '정, 선, 애'를 앎으로써 세상의 모든 사람들로부터 지지받을 수 있는 것이다.

그러면 기술에 대해서 생각해 보자. 먼저 기술은 생

산성을 높이기 위한 것이다. 예를 들어 공장의 능률을 높이기 위해서 "작업자는 아침 8시에는 모두 업무를 시작하십시오. 12시가 되면 업무를 중단하고 손을 씻고 식당으로 가십시오. 오후 1시에는 다시 곧바로 업무에 들어가야 합니다. 퇴근 시간인 5시까지 열심히 일하십시오. 게으름을 피우면 안 됩니다"라고 하는 경우를 보자. 이것은 생산성만을 내세우며 '더욱 일해라, 더욱 능률을 높여라'라고 하는 것인데, 경영이란 그것만으로는 안 되는 것이다. 여기에는 '선'과 '애'가 없다.

그렇다면 진정한 생산성이란 무엇인가. 인간은 열심히 일하지만 노동의 본래 목적인 부가가치를 만들어내는 시간은 실제로 극히 적다. 수많은 작업을 조사한 결과에 의하면 부가가치를 만들어내는 시간은 겨우 10퍼센트, 또는 20퍼센트에 지나지 않는다고 한다. 이 점이 바로 문제가 되는 부분이다. 다음과 같은 사례를 통해 구체적으로 설명해 보겠다.

용접공의 경우 불꽃을 일으키며 용접하고 있는 시간, 즉 하루 동안 해낸 용접의 길이가 부가가치의 창출에 해당된다. 공장 안에서 아무리 열심히 땀을 흘리며 용접 부품을 이곳저곳으로 운반한다고 해도 고객은 공장 내 운반이라는 노동에는 돈을 지불하지 않는 것이다. 구입하는 쪽에서 보면 공장 내의 운반은 아무런 가치가 없기 때문이다.

'8시부터 5시까지 쉬지 않고 일하라'고 하는 것은 전혀 의미가 다른 노동가치의 본질을 쫒는 것이다. 따라서 정말로 부가가치를 창출하는 노동 생산성을 어떻게 하면 올릴 수 있는가를 고민하는 기술이 필요하다. 그 속에 '정, 선, 애'가 있어야 시간을 개선하려는 기술도 사랑을 받을 수 있는 것이다.

또 다른 예를 들어 보자. 지금 못 하나를 박는 데 본래는 이론적으로 50칼로리 있으면 되는 것을 300칼로리나 사용해서 못을 박고 있다고 하자. 이것은 명확하게 인력의 낭비이다. 어떻게 하면 50칼로리로 못을 박을 수 있을까. 이러한 기술 개선은 사랑받을 것이다. 소비 자원, 소비 에너지의 문제도 마찬가지이다. 단지 제조 원가 가운데 에너지가 차지하는 비용이 높기 때문에 그 비용을 줄이는 기술을 개발하려고 해서는 안 된다. '이 지구상의 모든 자원, 에너지는 유한한 것이다. 그 제한된 자원, 에너지는 전 인류의 재산이다. 따라서 우리는 일상의 소비를 줄임으로써 조금이라도 많이 자손에게 남겨야 한다. 그것이 우리들의 책무다. 소비 자원, 소비 에너지 기술은 바로 그것을 위한 기술이다'라는 생각을 바탕으로 하고 있다면 어느 시대건 모든 사람들에게 사랑받을 것이다.

프로페셔널을 지향하는 경영자라면 마음으로부터 정, 선, 애의 길을 추구해야 한다. 이런 마음가짐이 없다면 경영을 하는 것 자체가 허무한 일일 뿐이다.

관용은 대중을 얻는다

메달 색깔보다 중요한 노력 | 예전에 한 여자 피겨스케이팅 선수가 동계 올림픽에서 삼회전 반의 점프를 멋지게 성공시켜 은메달의 영광을 안은 적이 있다. 나는 그동안 아무도 하지 못했던 점프를 시도한 그 강인한 정신력에 오로지 감탄할 뿐이었다. 그러나 텔레비전 방송국은 그녀가 그 멋진 연기를 성공시키는 장면이 아니라 바닥에 손을 대고 말았던 실점 장면을 몇 번이고 방영했다. 그녀는 은메달을 획득했음에도 "죄송합니다"를 반복했다.

나는 '도대체 무슨 짓인가'라며, 배려라고는 전혀 찾아 볼 수 없는 매스컴에 울분을 토했던 기억이 있다. 메달을 획득했다는 영예를 왜 조금 더 칭송해 주지 않는가. 왜 힘들게 노력해 온 그녀의 마음을 배려하거나 가만히 내버려두지 않는가. 털끝만큼의 온정도 없는 것일까. 단순한 흥미 위주나 공격적이고 악의적인 비판은 당사자의 자부심이나 자존심에 상처를 입히고, 앞으로 자라날 새싹을 짓밟는 일일뿐이라고 생각한다. 실패를 두려워하면 성공하지 못한다. 그녀가 위험을 각오하면서 했던 도전을, 나는 모든 것을 제쳐 두고 칭송해 주고 싶다. 그녀는 그것을 완수한 것이다.

인간에게는 용서할 수 없는 것과, 조용히 용서해 주어야 하는 것이 있다. 결점이나 실패를 거침없이 훈계하는 엄정한 비판도 때론 필요하지만, 그 근저에는 상대의 마음, 상대의 입장에 서서 생각하는 마음이 있어야 한다.

기업 활동에 있어서도 마찬가지다. 매년 증가하는 기업 간의 치열한 경쟁 속에서 직원의 입장을 생각하는 마음의 여유가 사라져가는 듯한 기분이 드는 것은 나만의 기우일까. '송양지인(宋襄之仁, 쓸데없는 아량을 베풀어 실속이 없는 것'이 되어서는 안 되겠지만, 경영자가 알지 못하는 사이 공평함, 일관성, 올바른 평가 등에 지나치게 치중한 나머지, 배려, 관용, 용서의 마음이 사라져 가는 것도 사실이라고 생각한다.

기계적 처리는 관용만 못하다 | 3D 업종 중에서도 특히 위험한 업종은 기피 대상이다. 공장의 작업은 많든 적든 위험을 동반한다. 그래서 공장 책임자의 최고 철학은 무엇보다도 '안전'이다. 이것보다 우선시되는 것은 없다.

토목, 건설, 조선, 기계, 화학. 프레스부터 판금에 이르기까지 위험을 동반한 작업은 셀 수 없다. 그 위험한 작업을 사람의 손이 아닌 로봇이나 컴퓨터 등을 이용한 자동화로 조금이라도 쾌적하고 안전하게 개선하려는 시도는 매일 연구되고 추진되어 간다. 그러나 아무리해도 위험률 제로를 만들 수는 없다. 공장 작업에 있어서 안전은 영원한 과제다.

한때, 한 대기업의 기계 공장에서 프레스 작업을 하고 있던 현장장이 사고를 일으켰다. 피해 정도는 본인의 오른손 손가락 끝의 상처였지만 그가 회사 내에서 입은 데미지는 컸다. 그는 현장장이면서 동시에 안전위원이기도 했기 때문이다. 늘 안전에 만전을 기하고 있다는 그가 왜 그런 사고를 일으켰는지 본인에게 묻자, 일방적인 부주의나 불가항력이 아닌 한 순간의 방심 때문이었다고 한다. 그 사고는 반나절도 지나지 않아 회사 전체에 전해져 모든 사람이 알게 되었다. 그리고 모든 사람이 그의 손가락을 걱정했다.

긴급 안전위원회가 열렸다. 사고의 상황이 보고되었고 다시 일어나는 일이 없도록 갖가지 개선책이 세워졌다. 마지막으로 안전위원회의 상무이사인 N씨는 사고를 일으킨 현장장이 안전 작업을 하지 않았다는 것에 유감을 표명하면서 규칙에 따라 그 처분을 공지하려고 했다. 그런데 현장장의 상사인 제조 과장으로부터 맹렬한 비판이 제기되었다.

"사고를 일으킨 점에 있어서는 확실히 그가 잘못했다. 그러나 그는 이미 그 죗값을 받았다. 공지하지 않더라도 모든 사원은 그 사실을 알고 있다. 앞으로도 안전회의에서는 그의 이야기가 반복해서 나올 것이다. 그는 앞으로도 되돌릴 수 없는 불행을 등지고 일을 해나가게 되는 것이다. 따라서 부탁이니, 죽은 자에게 채찍질을 하는 듯한 일은 하지 않았으면 한다. 그는 모두가 알고 있는 뛰어난 현장장이다. 지금까지의 수많은 공적을, 사고 하나로 낙인 찍어서는 안 된다고 생각한다. 안전위원 전원이 용서의 마음을 갖기를 원한다."

N상무는 결론은 보류한 채 K사장에게 그 판단을 구했다. 그러자 K사장은 심사숙고 끝에 대답을 했다.

"규칙이나 규정을 만들어서 모든 것을 기계적으로 처리하는 것은 좋지 않다고, 요즘 들어 생각한다. 규정, 규칙만으로 처리하면 때로는 평등의 불평등을 초래하는 경우가 있기 때문이다. 예전에 한나라 유방(劉邦)은 '약법삼장(約法三章)'*이라는 유명한 말을 남겼고, 위(魏)의 조조(曹操)도 이에 따라 치세해 존경을 받았던 역사적인 사실이 있다. 본래 법은 자연법이라고 하는 최저한의 것에 그쳐야 하며, 일률적으로 처리하지 않고 시대의 사회 환경, 회사 방침, 그 사람의 공적, 입장, 그에 따른 영향, 정치적인 균형 등을 생각해서 처리해야 한다고 생각한다. 우리 회사에도 전혀 애정이 없는 비판자들이 있다. 그들의 말은 '상처를 입은 것은 물론 안타까운 일이다. 그러나 그것과 안전 규칙을 위반한 것은 별개이며, 확실하게 구분해서 다뤄야 한다'는 것이다. 나는 이러한 타입의 사람들을 불쌍하다고 밖에 표현할 수 없다. 내가 좋아하는 말 중에 '애정이 없는 비판만큼 사람에게 해를 끼치는 것은 없다'라는 말이 있다. 나는 이 건에 대해서는 사장의 독단이라고 한다고 해도 애정이 있는 방법을 선택하고 싶다."

관용이 무엇인지를 보여준 K사장에게 박수를 보내고 싶다. '관용은 대중을 얻는다'라는 말처럼 그는 그 결단으로 사원 전체의 마음을 얻을 수 있었다.

---

* 한 고조 유방이 진나라 때의 가혹한 법을 없애고 법을 간략하게 해 단 세 가지 죄만을 정한 법. 살인한 자는 죽고, 다른 이에게 상해를 입힌 자나 물건을 훔치는 자는 벌을 받는다는 내용이었다. (역주)

사장의 자리는 관용을 베푸는 자리 | 아주 예전에 있었던 일이다. A사에 나의 친구인 T사장이 있었다. 그런데 어느 날 A사의 경쟁사인 B사에 근무하던 O씨가 나를 찾아왔다. 이야기를 들어 보니 그는 A사의 소유권에 저촉되는 것을 모른 채 고객과 상담을 진행한 적이 있다고 한다. 결과적으로 A사에 실질적인 손해는 없었지만, 명예를 약간 흠집냈다고 한다. 그런데 이를 안 T사장이 화를 내며 변호사를 통해 사죄금을 내고, 신문 세 군데에 사죄문을 싣도록 요구한 것이다. O씨는 T사장에게 조용하게 처리해 달라고 부탁했지만 T사장은 허락해 주지 않았다. 그래서 내가 T사장의 친구라는 것을 알고, 중개 역할을 부탁한 것이다.

나는 정황을 충분하게 듣고, 어려운 문제라고 생각했다. 만약 내가 T씨의 입장이라면 용서할 것인가, 용서하지 않을 것인가를 생각해 보았다. 그 결과 용서하는 것이 절대적으로 불가능한 것은 아니라는 결론이 나왔다. 게다가 T사장은 평소 이해심이 많은 사람이었기 때문에 나는 O씨에게 "약속은 할 수 없지만, 당신을 생각해서 최대한 노력해 보겠다"고 대답했다.

벚꽃이 만개한 날, 나는 A사를 방문해 T사장에게 그 사건에 대해서 조용하게 화해하도록 부탁했다. 그러나 그는 들으려고도 하지 않고 완고한 태도로 그럴 수 없다는 대답만 되풀이했다.

"그 건에 관해서는 이사회에서도 이야기가 나왔고 결정이 끝난 일입니다. 또한 이전에도 다른 회사와 이러한 사건이 일어났을 때, 앞으로 같은 일이 발생하면 이런 식으로 처리하겠다는 내부 규정도 세웠어요. 아무리 친한 당신의 부탁이라고 해도 사장이 직접 회사의 규정을 깨뜨릴 수는 없습니다."

답답해진 내가 다시 설득해 보았다.

"공자 앞에서 문자 쓰기지만, 규정이나 규칙대로 경영될 수 있다면 사장은 필요없는 것입니다. 사항에 따라서는 일단 정해진 규정이라고 해도 깨야 할 경우가 있으며, 그것을 깰 수 있는 사람은 사장밖에 없습니다. 왜 다른 길을 모색해 보지 않습니까. O씨에게 사정을 들어보니 그의 행동이 도리에 어긋나기는 했지만 결코 용서할 수 없는 사항은 아니었습니다. O씨가 악의적으로 그런 것이 아니라 몰라서 방법이 틀렸던 것인데, 그로 인해 그의 인생 전체가 무너질 수도 있는 상황에 있는 것입니다. 부디 관대한 마음으로…"

그러나 T사장은 결코 마음을 바꾸려고 하지 않았다. 나는 "오늘은 이 정도로 하겠습니다. 일주일 뒤에 또 오겠습니다"라고 말하고 돌아왔다.

일주일이 지나고 다시 T사장을 방문했다. 이야기가 조금은 진전되었을까 생각했지만 조금도 변하지 않았다. 다시 장황하게 이야기를 하면서 계속 설득했지만, 아무런 소득이 없어 "다시 일주일 뒤에 오겠습니다"라고 말하고 돌아왔던 것이다.

마침내 세번째 대화의 날이 밝았다. 그러나 이전과 마찬가지로 그는 어떤 변화도 보이지 않았다. 그저 "규칙에 따라 결정한 것을 내가 바꿀 수는 없다"라는 말만 고집했다. 그뿐만이 아니라 변호사에게 빨리 처리하라고까지 부탁했다고 한다. 나는 화를 꾹 참고 최대한 예의를 갖추었음에도 불구하고 이해하지 못하는 인물을 친구로 둔 것을 후회하며 슬픈 마음으로 대화를 끝냈다.

이후 O씨도 변호사를 내세워, 변호사들에게 교섭을 위임했으며, 결과적으로 약간의 위자료와 개인적인 사과문으로 끝내게 되었다. 나는 이 결과를 듣고, T사장이 과연 타협한 것일까, 설득당한 것일까, 물러설 수밖에 없었던 것일까 등의 생각을 하기도 했지만, 그 이후로는 만날 기회도 없이 시간은 흘러갔다.

두 해가 지났다. 우연히 T사장이 병으로 입원해 있다는 이야기를 들었다. 상당한 중병이라고 했다. 그것을 들은 순간, 과거에 무슨 일이 있었다고 해도 예는 표해야겠다고 생각해서 꽃을 보냈다. 그러나 아무런 회신이 없었다. 아직까지 나에게 화가 나 있는 것일까 생각했지만, 직접 병문안을 가지 않고 지나쳤다. 그렇게 석 달이 지나고 부고를 접했다. T사장의 회사로부터 정식 부고장이 온 것이다. 나는 장례식에 참석하여 모든 것을 잊자고 결심했다.

다음날 A사의 간부 한 명이 내게 전화를 해, 만나서

꼭 하고 싶은 말이 있다며 찾아왔다. "선생님께서 보낸 꽃이 병원에 도착했을 때, 우연히 제가 사장님의 병문안을 갔습니다. 병상에 있던 사장님은 선생님이 보낸 꽃을 보고 '너무나 미안했다. 나는 사장으로서 커다란 과오를 범하고 말았다. 부끄러워서 만날 면목도 없다. 나중에 내 마음을 전해 주었으면 한다'고 눈물을 글썽이며 말씀하셨습니다."

나는 그 말을 듣고 구원을 받은 듯한 기분이 들었다. 인생을 살다 보면 몇 번의 과오를 저지르게 된다. 그러나 잘못을 되돌리는 데 주저함이 있어서는 안 된다. 잘못을 인정하고 되돌리려 노력한 그는 역시 훌륭한 사장이었다.

한 경영자는 '사장이라는 자는 의연한 태도로 공평함을 기하기 위해 법에 따라서 행동해야 한다. 그렇게 함으로써 통제가 가능해지고 모든 조직 활동이 원활하게 진행된다'고 했다. 그러나 그것은 어디까지나 일반론일 뿐이다. 전쟁 시에는 모든 법이 침묵하고, 장군의 말만이 법이 된다는 사실을 잊어서는 안 된다. 기업 활동에는 평상시일 때도 있지만 비상시도 있다. 그 인식이 중요하다.

경영자에게
가장 중요한 네가지 요소

백인백색의 개성, 백인백색의 인격 | 인격이란 정말로 중요한 자질이다. 이 말은 사회인으로 활동하고 있는 모든 사람에게 해당되는 말이다. 두뇌가 명석해서 일을 잘 하는 능력도 중요하지만 그보다는 다른 사람에게 존경받는 인격 쪽이 훨씬 중요하다고 할 수 있다. 직장인 중에는 우수한 인재가 많다. 따라서 적재적소에 배치하면 대부분 필요로 하는 능력을 충분하게 발휘할 수 있다. 개인적 역량이 조금 떨어지는 사람은 타인의 힘을 이용하는 능력을 발휘하여 일을 잘 처리하기도 한다. 대체로 능력 자체에서 문제를 일으키는 사람은 생각 외로

많지 않다. 그렇지만 사람의 인격은 다양하며, 다른 사람의 힘으로 보충될 수는 없다.

직장인이라면 모두 회사 내에는 골치 아픈 상사도 있다는 것을 알 것이다. 부하에게 장시간의 잔업을 강요하거나, 자신에게 불리하다고 생각되면 아무렇지도 않게 다른 사람에게 책임을 전가하거나, 머리는 지나치게 좋지만 왠지 타인을 경시하거나, 자신의 학력을 뽐내거나, 부하에게 노고를 치하하는 말 한마디 하지 않고 칭찬이라는 것을 전혀 모르는 등, 간부로서 전혀 어울리지 않는 다양한 인격을 엿볼 수 있다. 부하들은 그러한 사람들을 진심으로 따르지 않으며, 그 곁에 계속 붙어 있지도 않는다. 만약 그러한 인격을 지닌 사람이라면 그 사람이 속한 부서의 성과가 떨어질 것은 자명한 이치이다.

아무리 우수한 능력을 갖고 있어도 자기 자신이 너무 강하게 드러나기 때문에 간부의 자리에서 멀어져 가는 사람이 있는가 하면, 언변은 좋지만 침묵해야 할 순간을 판단하지 못해 불행해지는 사람도 있다. 이렇듯 인격은 지극히 중요한 자질이다.

그렇다면 그러한 인격은 어떻게 키워지고 연마되는 것일까. 일반적으로는 가정 생활, 공부, 취업, 경험에서 비롯된 그 사람의 철학, 인생관에 의해 만들어진다. 그러나 그것만으로 간부로서의 인격이 갖추어지지는 않는다.

V, S, O, P | 이전에 어떤 기업의 리더가 무척이나 함축적인 이야기를 했다.

"경영자가 지녀야 할 요소로 V, S, O, P의 네 가지 요소를 들 수 있다. 이 네 가지 요소 중 V, S, O의 세 가지를 지닌 사람은 많지만, 마지막의 P를 겸비한 사람은 좀처럼 없다."

덧붙이자면 V는 활력(vitality), S는 전문성(speciality), O는 독창성(originality)이며 P는 인격(personality)을 의미한다. V, S, O는 개인의 노력 여하에 따라서 얻을 수 있는 것이지만, 마지막의 P는 조금 다르다. 퍼스낼리티는 경험을 쌓고 학문을 배우고 능력을 키운다고 해서 높일 수 있는 단순한 것이 아니다. V, S, O보다 훨씬 깊은 곳에서 조용하게, 게다가 확실하게 인간을 다스릴 수 있는 퍼스낼리티를 높이는 것은 인생의 영원한 과제이다.

퍼스낼리티의 레벨을 조금 높여서 생각해 보면 크게 정신과 인간성, 그리고 감각 기능에 대한 이야기로 넘어가게 된다.

우선 첫째로 사람의 정신은 사람에 대한 사랑, 배려, 위로, 자비, 공경 등으로 나타나는데 이는 때로 종교에 의해 키워지는 경우도 있다. 이러한 정신적 덕목이 일상적인 인간 관계에서 드러날 때 많은 사람들로부터 존경받는다.

두번째로 우수한 인간성, 인격이란 어떤 것인지 생각해 보자. 그것은 지(知), 정(情), 의(意)의 적절한 균형과 좋은 가치관, 윤리관, 인생관을 갖고 있는 것이다. 이(理)와 의(義)를 기반으로 다른 사람과 협조하고, 이(利)와 정(情)에 좌우되지 않는 확고한 의지를 갖고 있는 것이다. 또한 '자신을 아는 것이 진정한 진보다'라는 안데

르센의 말처럼, 자기 자신의 인생관 등 내면을 명확하게 인식하고 그 한계도 파악하고 있는 사람이 진정한 인격을 가진 사람이다. 영국의 철학자 버트런드 러셀은 '행복한 인간이란 객관적으로 살아가는 사람이다'라는 말을 했다. 자신과 타인을 같은 거리에 두고 관찰하며 객관적으로 판단하고, 항상 타당한 방향으로 나아감으로써 정신적인 안정을 유지할 수 있다면 인격자라 할 수 있을 것이다.

감각 기능의 회복은 인격의 회복 | 그런데 도대체 그러한 인격을 어떻게 하면 자신의 것으로 하고 높일 수 있는 것일까.

인간의 인격 형성에는 지금까지 서술해 온 것처럼 가정 생활에서부터의 경험, 철학, 종교, 인생관, 정신 구조의 변혁과 구축 외에도 보다 근본적인, 인간이 본래 지니고 있는 동물적인 감각 기능의 회복도 실로 중요하다고 생각한다. 이것이 세번째이다.

예전에 친구가 다실(茶室)에서 수이킨쿠즈(水琴窟)*에 감동한 적이 있다는 말을 했다. 땅 속의 항아리에서 울리는 미미한 물소리를 정신력으로 듣는 것이다. 문학의 세계에서 가나(假名) 표기법 하나만 보아도, 구가나와 신가나를 비교해 보면 그 차이가 느껴진다. 구가나의 표기법은 깊이가 있어 마음 깊숙이 침투한다. 그 정서는 규격화되고 통일화된 신가나 표기법과는 그 맛이 전혀 다르다.

색채의 세계도 그렇다. 과거에는 사람들의 복장이나 주변의 물건에도 꼭두서니색(암적색), 따오기색(연분홍빛), 짙은 보라색 등 자연 속에서만 존재하는 색채가 넘쳐났었다. 고전적 문화가 가지고 있는 풍아(風雅)의 마음은 날카로운 감성 수련의 선물이지 않을까. 옛 사람들은 감각 기능을 연마하여 풍아를 다투었다. 현대사회에 있어서도 뛰어난 인격, 인품, 인간성에는 그러한 날카로운 감각이 불가결한 게 아닐까.

---

* 정원의 땅 속에 물 항아리를 묻고 물방울을 떨어뜨렸을 때 울리는 소리를 즐길 수 있도록 만든 것. (역주)

감각 기능을 높이면 시시각각 변화하는 사회 정세나 인간 상호 간의 감정의 변화, 갈등에 대해 임기응변하여 대처할 수 있다. 그 감각 능력은 국제적인 시야로 경제 활동, 구조 활동, 환경 개선 활동 등을 추진할 때 다른 문화, 풍속, 관습, 인간성을 재빨리 감지해서 불화를 피하는 데에도 중요하다.

경영자에게 요구되는 V, S, O, 그리고 P 가운데 가장 중요한 자질 'P'는 한 사람의 경영자에서 소멸되는 것이 아니라 생명체의 유전자와 마찬가지로 기업체의 핵과 같은 존재로서 면면히 다음 경영자에게 계승되어 가는 것일지도 모른다.

싱귤러 포인트를 넘겨라

한마디 조언으로 골프의 진수를 맛보다 | 요즘은 나이 예순을 넘어서 건강을 위해 시작한 골프에 매료되어, 여러 사람들과 함께 게임을 즐기고 있다. 처음 일 년간의 기초 훈련 후, 추천받은 프로 골퍼와 함께 코스를 돌면서 배우기도 했지만, 같은 사람에게 두 번 이상 코치를 받은 적은 거의 없다.

그 이유는, 어떤 프로 골퍼든 똑같은 코치를 하는데 내 몸이 받아들이지 못하기 때문이다.

"몸을 조금 더 회전시키십시오" "왼손으로 치십시오" "힘을 넣어서는 안 됩니다. 힘을 빼십시오" 이렇게 프로 골퍼가 시키는 대로 열심히 몸을 회전시키다가 허리 통증으로 고생을 하게 된 적이 한두 번이 아니다.

일반적으로 선생님이라고 불리는 사람은 모두 똑같은 이론을 가르친다. 그러나 배우는 사람의 연령이나 체력에 맞게 한 발이라도 전진할 수 있도록 지도하는 것이 가르치는 자의 소임이 아닐까.

그런데 어느 날 함께 플레이를 한 모 회사의 S소장이 나의 플레이를 관찰하고 있었던 듯, 플레이가 끝나자 내게 조언을 해주었다.

"사토 사장님은 몸을 회전시키기 때문에 방향이 흐트러지는 것입니다. 너무 무리하게 회전시키지 않는 것이 좋을 듯하네요. 그리고 지금 왼손으로 치려고 하시는데, 연령을 고려해 보았을 때 왼손을 사용하는 것은 이미 무리입니다. 왼손보다는 오른손으로 쳐야 한다고 생각합니다. 그 편이 훨씬 자연스럽고 편안할 것입니다."

그는 싱글이면서 프로급의 실력이 있는 사람이었다. 그의 설득력 있는 조언이 그럴 듯하게 여겨져서, 시키는 대로 폼을 바꾸어 보았다. 그랬더니 공이 일직선으로 날아가게 되었으며, 스코어도 훨씬 좋아졌다.

지금으로부터 딱 반 년 전에 다시 S소장과 함께 필드를 돌 기회를 얻었다. 그때도 플레이를 끝낸 후 조언을 부탁하자 그는 단 한마디의 조언을 남겼다.

"사토 씨, 우드는 휘두르는 것이지만, 아이언은 세게 내리치는 것입니다. 자, 보세요. 이렇게 내리치는 것입니다."

그것은 나도 어렵지 않게 할 수 있는 동작이라 시키는 대로 해보았다. 그 결과 아이언으로 어느 정도의 거리를 안정적으로 유지하게 되었다. 이전의 조언까지 포함해서 과장되게 말하면, 나는 골프의 진수를 손에 넣은 듯한 감동에 빠졌다. 아무리 연구하고 노력하고 전념해도 일정 스코어 이상은 결코 넘지 못했는데, 꿈의 스코어를 넘는 것도 그리 먼 일이 아닌 것처럼 생각되었다.

경영자는 싱귤러 포인트의 촉매제 | 올림픽에서 울트라 C, D를 연기하는 체조 선수의 연습을 보고 있으

면, 지도자가 어느 순간 손을 내밀어 삼회전을 완성한 선수가 삼회전 반의 연기까지 성공시키도록 도와준다. 선수 개인이 자신의 자질을 믿고 피와 땀을 흘리며 노력을 반복해도 어떤 한계를 도저히 넘지 못할 때, 옆에 서 있는 그 지도자의 극히 짧은 한 순간의 지지나 한마디의 조언이 그 한계를 넘게 해주고 가능성을 만들어 주는 것이다. 그 선수가 '아, 이거다!'라고 자신의 몸으로 느끼면, 그 다음부터는 지도자의 손을 빌리지 않아도 성공할 수 있게 된다.

물이 흘러넘칠 듯 가득 찬 컵에 한 방울의 물을 떨어뜨리면 싱귤러 포인트(Singular point, 변화가 없던 상태에서 갑자기 변화를 보이는 시점)를 넘어서게 된다. 이렇게 한 순간의 조언이 아무리 노력해도 넘을 수 없었던 한계를 넘어서게 하고 능력을 분출시켜 주기도 한다.

사원들이 성장하기 위해서는 경영자가 이 싱귤러 포인트를 만들어 주는 노력이 필요하다. 계속해서 닥쳐오는 시련의 길에서 정열과 노력을 다해 지혜를 짜내도 한계점에 부딪혀 벽을 넘지 못하는 사원들은 언제나 존재

한다. 99퍼센트의 땀을 흘려도 1퍼센트의 영감을 얻을 수 없는 나날이 지속되면 사원들은 패기와 열정을 잃고 만다. 그때 그 과제를 달성시키는 한 방울의 물을 더하는 것이 바로 경영자의 중요한 업무이다.

숲보다 나무를 보기 쉬운 사원들에게는 그것이 도무지 풀 수 없는 문제로만 여겨지는 일이라도 나무와 숲을 모두 보는 경영자에게는 별로 어렵지 않은 것이 많다. 어디가 잘못되었는지, 어디를 소홀히 하고 있는지, 어떻게 하면 더 잘 해결할 수 있는지에 대한 경영자의 단 한 마디의 조언은 사원들에게 싱귤러 포인트가 되어줄 것이다. 경영자는 순간을 포착해서 비약의 단계에 손을 내미는 사람이며, 위업을 이루어내는 것은 사원들 자신들이 갖고 있는 힘이라고 생각한다.

사장의 원점 〉〉〉 마음, 인간, 사회를 관통하는 경영철학

Ⅲ. 개혁, 혁신의 기업 경영

> 개혁을 하기 위해서는 현상을 부정하는 것이 필수조건이다.
> '지금의 업무 방식은 좋지 않다, 지금의 레이아웃은 좋지 않다, 지금의 조직이나 시스템은 좋지 않다, 지금의 물류는 좋지 않다, 지금의 재고는 좋지 않다…'는 생각을 계속해서 하는 것이다. 이러한 부정이 가능해지면 '새로운 사고'를 할 수 있게 된다. 우선 이 부정이 첫걸음인 것이다.

회의는 춤춘다

진전 없는 회의 | 요즈음 나는 어떤 회의에 참석하고 있다. 최근 석 달 동안에 세 번 열렸는데, 좀처럼 결론이 나지 않는다. 오히려 토론의 범위가 넓어져서 여러 가지 의견이 개진되고 있다. 이렇게 되어 버린 것은 참가자들에게도 책임이 있지만, 그보다는 회의를 운영해 온 측의 리더십의 책임이 더 크다. 나는 회의에 참석할 때마다 이것을 어떻게 정리할지 고민하고 있다. 대부분의 기업에서는 알게 모르게 끝없는 회의로 인한 고통을 조금씩은 겪고 있을 것이다. 그런데 놀랍게도 많은 기업에서 나타나고 있는 이런 현상은 예부터 있어 왔다. 가장 유명한 빈(Wien) 회의의 이야기를 해보자.

1814년 3월, 파리가 함락되고 나폴레옹이 엘바 섬으로 유배되었다. 프랑스 혁명에서 나폴레옹 전쟁을 거치며 폭풍은 일단 진정되었기 때문에 그 사후의 일을 매듭짓기 위해 그 해 9월에 오스트리아의 빈에 유럽 각국의 대표가 모였다. 마침내 회의가 시작되자 조금이라도 자국의 영토를 넓히고 배상금을 많이 받으려는 각국의 권모술수만 난무했고, 당연히 회의는 좀처럼 진전되지 않았다. 당시의 광경을 본 오스트리아의 폰 리뉴 장군은 "회의는 춤춘다. 그러나 진전은 없다"라는 역사적으로 유명한 유행어를 남기기도 했는데, 오늘날 우리들의 회의도 마찬가지이다.

　기업 활동에 있어서 회의는 직원의 의사를 존중해서 민주적으로 행하는 것이 정석이다. 하지만 그것은 어디까지나 일반적인 원리원칙의 범주일 뿐, 언제나 그렇게 행해지지는 않는다. 빠르게 상황이 변화하는 경쟁 사회에서 살아남기 위해서는 재빠른 판단, 결단, 행동이 필요한 경우가 생기기 때문이다. 따라서 현대의 회의는, 다수의 의견으로 결정하지 않으면 안 되는 경우와 경영자가 리스크를 감수하고서라도 어쩔 수 없이 자신의 생각을 밀어붙이는 경우의 두 가지로 나뉜다. 이때 후자를 정당화시키면 독일의 비스마르크와 같은 '철혈재상'이 될 위험도 안고 있으니 주의해야 한다.

비스마르크의 독단적 회의 중단 | 비스마르크는 프로이센의 귀족 집안에서 태어났으며 빌헬름 1세에게 임용되어 수상이 되었다. 당시의 독일은 아직 민족적으로 통일되지 않았으며, 몇 개의 소국으로 나뉘어 매사에 분쟁을 일으키고 있었다. 빌헬름 1세는 군비를 확장해서 독일의 통일을 도모했지만, 의회는 국왕의 군국주의 정책에 반대했으며 정부와 격렬하게 충돌했다. 왕의 뜻을 받들어 독일의 통일을 수행하려 했던 비스마르크는 회의에서 "지금의 문제는 언론이나 다수결로는 도저히 해결되지 않는다. 오로지 철(鐵)과 혈(血)에 의해서만 해결된다"라며 회의를 중단시켰다. 그리고 소신을 갖고 파

병했으며, 오스트리아를 꺾고 보불전쟁에 승리했다. 그는 결국 프로이센에 의한 독일 통일을 이루었으며, 빌헬름 1세를 독일 황제로 즉위시키는 성공을 거두었다. 그러나 권력과 지배욕에 경도된 그는 그후 전국주의의 길을 걷게 된다. 이 일화가 증명하듯, 독단주의는 단기적으로는 좋은 성과를 낼 수 있으나 장기적으로 반드시 나쁜 면을 드러낸다. 따라서 그러한 방식을 채택하는 것은 결코 좋은 일이 아니다. 그렇다면, 어떻게 하면 좋을까.

제레미 벤담이 말하는 '최대 다수의 최대 행복'에 따라 다수결에 의해 민주적으로 결정하는 것이 가장 좋은 방법일까? 이는 인간 존중의 정신을 바탕으로 하고 있으므로 확실히 바람직한 법칙으로 보인다. 그러나 다른 입장에 서서 잘 생각해 보면 문제점이 드러난다. '회의의 방식'에 대해서 자주 재검토하지 않으면 가속화되어 가는 사회의 흐름을 따라갈 수 없으며, 전반적인 기능이 실추되는 폐해가 있기 때문이다.

회의는 되도록 빠르게 | 물론 회의에는 여러 가지가 있다. 전문적인 과제나 의제에 대해서 검토하는 그룹 활동은 제외하고라도, 여러 영역이나 다양한 계층이 모이는, 불특정 다수에 의한 회의도 있다. 무언가 새로운 것을 하려고 하거나 어떤 운동을 일으키려고 하는 경우에 회의장은 너무도 다른 인격, 소질을 지닌 사람들의 집합체가 된다. 사람들이 살아온 길이나 가정 환경의 차이에서 오는 교양, 상식, 인생관, 종교, 윤리관의 상이함과 인간의 성격적 측면에서 오는 타협심, 협조성, 조화성, 포용력, 정의감의 차이는 헤아릴 수 없다. 그 사람의 직업이나 나이, 경험 등에 의해 형성된 가치관, 인식, 이해관계, 예측력 등 헤아릴 수 없이 많은 차이가 존재하는, 말 그대로 대중이 모이는 자리가 회의장이다. 따라서 그 자리에서 어떠한 방향성을 갖고 의견을 통일시키거나 해답을 추구하는 것은 극히 어려운 일이라 할 수 있다.

각각의 사람들이 어떻게 자신의 의사를 표현하고 타인의 의견을 이해하고 또는 양보할지에 대해서 때로는 강경하게 때로는 유연한 사고방식으로 민첩하게 대응하는 것이 급속하게 변하는 사회에 맞는 '적절한 회의'이다. 세상은 정말로 급변하고 있다. 그 흐름에 뒤지지 않기 위해서는 '조령모개(朝令暮改)가 아닌 조령주개(朝令晝改)가 되어야 한다'고 할 정도로 모든 것을 빨리 처리해야 한다. 하물며 기업의 생존을 건 과제에 관해서는 입안, 기획, 실행의 속도가 열쇠인데, 귀중한 시간의 낭비를 허용할 수 있겠는가.

그러나 많은 기업에서 행하고 있는 회의 방식은 종래와 다르지 않은 경우가 많다. 회의를 이끄는 리더가 공평과 공정을 근거로 각각의 의사와 의견을 모두 존중하고 의견 통일을 꾀하는 것은 좋으나 그 때문에 막대한 시간을 소비하는 것은 최선이라고 하기 어렵다.

회의 성공은 리더에게 달렸다 | 한 시찰단의 일원으로서 미국에 건너갔을 때의 이야기이다. 수도 워싱턴에

서 국무성의 한 고관이 민주주의에 대한 강의를 했는데 그가 말하는 민주주의는 다수결의 기본 개념과 그 적용에 관한 것이었다. 특히 인상에 남았던 것은 당시 일본에서 민주주의의 이름 아래 행해지고 있던 회의에 대한 그의 해석이었다. 그는 그런 회의는 사실 구성원 각각의 동의를 얻기 위해서 막대한 시간을 사용하고 있는 것뿐이라고 꼬집으며 이런 말을 남겼다.

"회의는 아주 중요한 것입니다. 그리고 회의에서 가장 중요한 것은 회의를 이끌어갈 좋은 리더를 선택하는 것이지요."

그는 경제적인 효과는 기업에 극히 중요한 명제인데 경쟁사에 뒤지지 않는 처리 속도는 전체적인 성과를 올리는 근본적 요인이며, 그렇게 하기 위해 회의를 리드할 수 있는 뛰어난 리더의 능력과 노력이 필요하다고 했다. 그것이 조직 활동 전체의 업적을 좌우한다는 것이다.

결론적으로 나는 회의에 대해 '민주적으로 행하는 것이 모두 좋다고는 할 수 없다. 그렇다고 해서 독단전행(獨斷專行)도 좋지 않다'는 생각을 갖고 있다. 민주적인 형식을 취하면서도 재빠르게 회의의, 또는 자신의 결론을 만들어 가는 시나리오가 최선이라는 것이다. 물론 이를 달성하려면 회의 진행자의 리더십이 가장 중요해진다. 현대의 경영자와 관리자는 이 방식을 염두에 두고 식견을 발휘해야 하지 않을까.

기업의 고삐를 쥔 경영자

기업의 혼은 사장이 만든다 | 몇 해 전 크게 신세를 졌던 A사의 부사장이 컨설팅이 필요하다고 의뢰 전화를 했다. 자세한 사정을 들어 보니, A사의 사장 친구인 모 회사의 사장이 "우리 회사에서 컨설팅 회사에 경영 전략 입안과 조직 계획을 의뢰했는데, 상당히 좋은 안건이 나와서 그대로 추진해 보기로 했다. 현재 진행 중"이라고 이야기를 했고 그 이야기를 듣고서는 '그럼 우리 회사도 빨리하자'라는 분위기가 된 듯했다. 내가 "컨설턴트에게 어떤 역할을 기대하십니까?"라고 묻자, "경영 컨설턴트는 산업계의 움직임이나 실정을 잘 알고 있으니 우리 회사의 사업 발전을 위한 전략으로서 사업 다각

화, 국제 분업화, 회사 체제의 정비 등등 무엇을 해야 하는가를 구체적으로 제시해 주었으면 합니다. 그리고 동시에 그것을 추진할 수 있는 조직을 계획해 주었으면 합니다"라는 답변을 했다. 말 그대로 총체적인 계획을 짜 달라는 이야기였다. 이것은 소프트웨어적인 부분을 맡는 것과는 차원이 다르다. 제품의 개선이나 판매의 확대라면 즐겁게 받아들일 것이다. 그러나 이러한 의뢰의 경우는 기업 경영을 위해 경영 컨설턴트를 이용함에 있어서 중대한 문제를 포함하고 있는 경우가 많다.

기업의 근본적인 구상, 구도, 그 기업의 핵심이 되는 기업 이념이나 방침, 극단적으로 말하자면 기업의 혼까지도 만들어 달라고 말하는 것과 같은 위탁 케이스가 있다. 이런 일은 경영 컨설턴트로서는 절대 해낼 수 없다. 이 일을 해낼 수 있는 사람은 단 한 사람, 경영자뿐이다.

사장, 부사장이라고 하는, 기업의 최고 위치에 있는 리더의 가장 중요한 업무는 경영 방침의 수립과 전략의 입안이다. 즉 기업 활동의 윤곽을 명확히 하고 혼을 불어넣는 것이다. 다시 말해 리더는 현재의 모습은 이러하고, 앞으로는 저런 모습이 되었으면 한다는 것을 명확히 한 후 모든 직원에게 행동과 언어로 전달해야 한다. 경영 컨설턴트는 그 청사진을 만드는 데 조언을 하기도 하고, 목적 달성에 필요한 수단과 방법을 입안하기도 하지만 그것은 어디까지나 조력자 역할에 지나지 않는다. 리더는 사장이다. 아무리 능력이 좋다고 하더라도 그 외의 사람이 회사를 이끌 수는 없다.

달리는 말 위의 기수는 고삐를 놓거나 다른 사람에게 그 고삐를 넘기는 일은 하지 않는다. 오케스트라의 지휘자는 자신의 지휘봉을 다른 사람에 넘기지 않는다. 기업의 리더는 기업혼의 고삐를 확실하게 쥐고 매일이 경쟁의 연속인 자유주의 경제에서의 경쟁에 승리하기 위해 유형, 무형의 경영 자원을 총합해서 그 전략과 조직 활동 요점에 전력을 투입하지 않으면 안 된다.

진정한 리더십은 앞장서는 것 | 경영자라면 모두 고

개가 숙여질 만한 면을 갖고 있는 법이다. 최근 만난 경영자도 그런 분들 중 한 사람인데 특히나 감동적이었던 것은 그의 리더십이었다. 도카이(東海)의 모 공장의 사장인 그는 내게 경영 컨설팅을 의뢰한 뒤 프로젝트 발표식에 꼭 참석하라는 말을 남겼다. 드릴 말씀이 있으니 개회 삼십 분 전에 와 달라는 말도 했다.

이야기를 듣고 일찍 가보았더니 이미 사장이 와서 기다리고 있었다. 둘이서 잠시 이야기를 하고 싶다는 사장의 말에 다른 사람들은 모두 자리를 비켜 주었고, 사장은 다음과 같은 이야기를 했다.

"이번 프로젝트는 저 자신부터 사운을 걸고 임할 생각입니다. 무슨 일이 있어도 해내지 않으면 안 됩니다. 선생님께서도 저희들과 죽음도 불사할 각오로 임해 주었으면 합니다. 만약 시기를 연장해서 더욱 좋아진다면 일정을 연장해서라도 완성했으면 합니다. 우리 회사로서는 최고의 멤버 세 명을 준비했습니다만, 만약 이 멤버로는 어렵다고 한다면 중간에 얼마든지 좋은 사람을 투입할 것이니, 부담없이 말해 주십시오."

나는 순순히 그 제안을 받아들였다. 발표식이 시작되자 사장은 관리 직원, 임원, 프로젝트 멤버 전원에게 다음과 같은 이야기를 했는데, 아직도 기억에 생생하다.

"우리 회사는 이대로 가면 무너진다. 예를 들면 중국 초나라의 항우(項羽)와 마찬가지이다. 아무리 백전백승이라고 해도, 해하(垓下) 싸움*의 패배로 한 고조 유방에게 멸망된 것과 똑같은 것이 된다.

생각 끝에, 계속적인 승리를 이루기 위해서는 기업 내에서의 자주적인 활동만으로는 한계가 있다고 판단했다. 그 한계를 넘어서기 위해서는 현재 갖고 있는 지혜, 갖고 있는 방법, 기법, 대응 방식을 과감하게 개혁해야 할 필요성이 있다고 생각한다. 그래서 그 노하우를 가진 외부 기관의 활용이 불가피하다고 판단했다. 그래서 경영 컨설턴트를 도입한 것이다.

그러나 여기서 전원에게 말해 두겠는데, 스스로의 힘

---

* 한 고조 유방이 기원전 202년에 해하(垓下)에서 초나라의 항우와 싸워 이긴 싸움. 유방은 이 싸움에서 대승을 거두어 초의 영토를 얻고, 같은 해 황제의 자리에 올라 한 왕조를 세웠다. 사면초가(四面楚歌)와 우미인(虞美人)의 고사가 이 싸움에서 유래했다. (역주)

으로 과감하게 부딪쳐 보겠다는 기업의 자세와 거기에 입각해서 행동하고, 그 위에 컨설턴트의 코치를 받겠다는 자세가 중요하다. 개혁의 주역은 여러분들이다.

가장 중요한 것은 부서의 우두머리인 부장, 과장의 협력과 지지다. 부장, 과장은 먼저 프로젝트 활동에 최대의 관심을 쏟도록 한다. 멤버들의 제안을 절대로 무시해서는 안 된다. 그 제안이 만약 실행 불가능하다면, 이렇게 하면 실행할 수 있다는 등의 제안을 하도록 한다. 어렵다면 함께 생각하라. 온갖 방법을 다했을 때 고뇌의 열매 한 가지가 만들어진다는 것을 잊지 않도록 하자.

나도 '전진하라'고 말한 이상은 선두에 서서 마지막까지 이 자세를 관철하겠다. 결코 포기하지 말라. 그리고 모두가 괴로워하라. 괴로움과 괴로움을 겪으며 이겨낸 성과야말로 인생에서 쉽게 얻을 수 없는 귀중한 즐거움이다. 그리고 그것이 인간의 진보인 것이다."

의식개혁이란 무엇인가

사원의 마음을 움직이는 의식개혁 | 현재 각 기업의 경영층이 혈안이 되어 착수하고 있는 것은 사업의 통합, 축소, 철폐, 구조 조정, 비용 절감에 대한 노력이다. 동시에 한편으로는 자사가 지니고 있는 경영 자원인 사람, 자금, 장비, 기술, 정보, 문화를 최대한으로 발휘해서 회사 전체, 또는 사업 부문의 부가가치를 어떻게 높일 것인가에 몰두하고 있다. 또한 어떻게 타사와의 차별화를 도모하여 매출을 높일 것인가. 그렇게 하기 위해서는 사업 구조나 시스템을 어떻게 개혁해야 하는가. 좀처럼 열정을 보이지 않는 집단을 열정적인 집단으로 만들고, 그 가지고 있는 역량을 충분하게 발휘시키려면 어떻게 해

야 하나. 그들은 스스로에게 질문을 던지며 한 사람 한 사람의 정신 구조를, 또한 기업 구조를 바꾸기 위해서 추진력 있게 리더십을 발휘하고 있다. 구조개혁을 위해서는 사람의 의식개혁이 절대적으로 필요하기 때문이다. 무엇보다도 전 사원의 마음이 움직이지 않으면 기업은 활성화되지 않는다.

요즘 많은 기업가들과 만나고 있는데 그 중 일부는 '경영의 역사에는 상승도 있고 하강도 있다' '지금까지도 많은 일들이 있었고 힘든 때도 있었지만 어떻게든 극복해 왔다. 회사에는 역사가 있다. 사회적인 신용도 있다. 앞으로도 어떻게든 극복해 나갈 수 있을 것이다'라는 말을 한다. 그러나 요즘의 시대는 상승과 하강이 아닌, 발전 아니면 몰락밖에 없는 전쟁의 시대이다. 아직까지도 이런 지극히 중요한 경영 의식을 갖고 있지 않은 사람이 일부 있다는 것이 안타깝다. 그것은 아주 큰 문제라고 생각한다.

의식개혁은 지금까지의 정신을 통째로 바꾸는 것 |

지금까지 나는 몇 번이고 의식개혁의 중요성을 호소해 왔다. 의식개혁은 기업만의 문제가 아니라 정계나 학계, 경제계도 마찬가지이다. 정계를 예로 들어 보아도, 정책의 중요성을 호소하는 정치가가 많음에도 불구하고 좀처럼 그렇게 결정되지 않는 것은, 그 근저에 진정한 의식개혁이 동반되지 않았기 때문이다. 아무리 입으로 떠들어도 행동은 과거의 연장선에 있다는 문제점이 있기에 골치 아픈 것이다. 기업 내의 많은 사람들에게 무엇이 나쁜지, 어떻게 하지 않으면 안 되는지를 이야기하면 대체로 이해를 한다. 그러나 좀처럼 실행하지는 않는다. 자신의 머릿속에서 이해한 것이 마음의 납득으로 전환되지 않기 때문에 다음 실행으로 옮겨지지 않는 것이다.

그 납득을 향한 길에는 과거에 대한 얽매임, 이해득실, 얽혀 있는 인간 관계, 권위·권리의 상실 등의 방해물이 있어서, 이해로부터 납득으로, 납득으로부터 실행으로 원활하게 나아가지 않는다.

내가 존경하는 역사가 토인비의 『역사의 연구』라는 책 속에 '역사에는 파국이 있다'는 구절이 있다. 그는 파국의 요인으로 '왕의 교만'과 '안일한 자세'를 들고 있다. 여기에 내 나름대로 생각한 두 가지 이유를 추가해서, '앞으로의 사회를 꿰뚫어 보지 못하는 경영자와, 자신의 지식만으로 경영을 하려고 하는 무모한 사람'을 들고자 한다.

입으로는 쉽게 나오지만 진정한 의식개혁은 그렇게 간단하게 될 수 있는 것이 아니다. 일반적으로 의식이란 인간의 마음의 사태나 작용, 판단을 말하는데, 내가 호소하고자 하는 의식개혁은 과제(기업에서는 제품, 구조, 제도, 조직 등)를 근본적으로 바꾸는 것으로 차원 높은 정신을 의미한다. 과거의 연장선상에서 하는 시정이나 수정, 더욱 노력하는 것, 더욱 개선하는 정도의 것을 말하는 것이 아니다.

알기 쉽도록 작은 의식개혁의 예를 들어 보자. 한 회사의 간부 연수회에서 강의실 입구에 요금 상자를 놓아 두고 각각의 연수자에게 수강료를 받아서 교육을 하는 방법으로 바꾼 후부터는 조는 사람은 완전히 없어졌으며, 모두 성실하게 노트를 하는 등 교육 효과가 높아졌다고 한다.

어느 장치산업 회사에서는 장치가 가동하고 있는 동안에 아무런 일도 하지 않고 있는 작업자의 동작을 '워칭(watching, 눈을 떼지 않는 시간)'과 '룩킹(looking, 단지 관망하고 있는 시간)'으로 나눠서, '룩킹'에는 관망료를 받는다는 운동을 전개해서 허비되는 시간을 크게 개선했다고 한다. 이렇게 아예 다른 차원으로 접근하는 것이 의식개혁이라고 할 수 있다.

나는 수십 년간, 의식개혁에 관한 자문을 셀 수 없을 정도로 많이 해왔는데, 지금의 나이가 되어서야 겨우, 어떻게 하면 의식개혁이 가능한지를 알게 되었다. 그것은 단지 마음의 문제로만 치부할 수 없다. 거기에는 사회과학으로서의 법칙이 있으며, 순서, 단계 또한 있기 때문이다.

의식개혁은 혁명처럼

증원이 필요없는 혁신 | '의식개혁 없는 혁신은 단순한 노력의 연장선이며, 이상론만을 추구하는 것은 불가능하다'는 것은 앞에서도 이야기했다. 여기서는 조금 큰 의식개혁의 예를 들어 보고자 한다.

모 회사의 사장이 "앞으로 우리 회사의 가장 중요한 과제는 보다 높은 수익원의 개발과 부가가치의 창출이다. 이것을 실행해 가고 싶은데 관리, 간접 부문과 서비스 부문이 아직 늦어지고 있다. 이 부분의 컨설팅을 부탁하고자 한다"라고 요청을 했다.

그 회사를 찾아가 활성화, 효율화, 부가가치화의 컨설팅을 한 결과, 기업의 수익에 공헌할 새로운 경영 과제에 필요한 요원이 수치상 400명 가까이 된다는 계산이 나왔다. 그러나 필요한 인원을 재배치하는 단계에 이르자 각 부문에서 일제히 자신의 팀에서는 인원을 빼낼 수 없다고 입을 모아 말했다. 상당히 큰 저항을 표시한 것이다. 이에 대해 사장은 간부, 관리직 사원을 모아서 "직원을 빼내고 싶지 않다면 하지 않아도 좋다. 그러나 내년도의 모든 과제는 계획대로 진행하라"고 했다.

중역, 간부는 각각의 부문에서 어떻게 과제를 진행할 것인지를 검토한 결과 약간의 수정은 있었지만, 새롭게 200명의 사원을 모집하고 싶다는 인사안을 냈다. 사장은 "400명의 여력이 있을 것이니, 신입사원을 고려하지 말라"며 인사안을 걷어차고는 채용을 하지 않았다.

그로부터 일 년, 사원을 채용하지 않은 채 각 부문에서는 그럭저럭 대응하여 새로운 과제를 진행했다. 그 결과 매출은 20퍼센트 증가했다. 다음 연도에는 지연되었던 새로운 과제에 150명의 증원 계획이 나왔지만, 그 해에도 사장은 증원을 거부했다.

"아직 여유가 있지 않은가. 효율화의 결과를 유야무

야해서는 안 된다."

결국 그는 단 한 명도 채용하지 않았다. "비만 체질을 슬림화하는 노력은 아직도 불충분하다"며 무서운 결단력을 실행으로 보여준 사장 덕분에 사원들의 의식은 완전히 바뀌었고, 실적은 훌륭하게 신장되었다. 그후 그 사장은 나에게 "이 년간 고생시키기는 했지만 업무에 대한 의식이 완전히 바뀌었다. 이제 내년에는 새로운 사장에게 지위를 넘겨 줄 것이다"라고 말하며 웃음을 지었다.

이해를 해야 납득할 수 있다 | 모 회사의 영업 전무로부터 의뢰가 들어왔다.

"저희 회사 A부문의 영업 매상 실적은 연 200억 엔으로, 전국에서 200명의 세일즈맨이 활동하고 있으며, 이는 한 사람 당 1억 엔의 매상에 해당됩니다. 다른 회사에 비해 성적이 좋다고 생각하고 있었지만, 사장님께서

좀 더 높이라는 지시를 내리셔서요. 어떤 방법이 있는지 도와주셨으면 합니다."

조사해 본 결과 A부문의 매상 80퍼센트에 해당하는 160억 엔은 백화점, 슈퍼마켓, 전문점으로부터의 주문에 의한 것으로, 업무는 세일즈라기보다는 추가 주문에 대한 접수, 준비, 출고, 수금이 중심이었다. 이는 세일즈가 아닌 '배송'에 가깝다. 나머지 40억이 본래의 세일즈에 의한 결과였다. '일 년 앞의 일도 예측할 수 없는 지금의 시대에 높은 급여를 받으면서 배송이나 하는 수준의 의식으로는 위험하다'며 의식개혁을 강하게 호소했으며 '배송'의 차원을 넘어서도록 행동 개혁에 힘을 쏟아야 한다는 방침을 제시했다.

"조사해 본 결과 백화점, 슈퍼마켓, 전문점 관련 세일즈맨의 생산적인 영업 시간은 겨우 14퍼센트이고, 이후의 관련 업무가 86퍼센트나 된다는 이야기를 들었다. 이러한 인식으로 어떻게 살아남겠는가!"

사장의 불호령이 떨어졌다. 86퍼센트의 내역은 세일즈맨의 이동 시간, 기다리는 시간, 상담 불이행 손실, 보고 업무, 자료의 작성, 관련 리스트 작성, 협의 미팅, 견적서 검토와 작성, 전화 연락, 카탈로그 정리, 청구서 작성, 정산 업무, 복사 등등 사소한 일들이었다. 이 사실을 안 세일즈맨들의 쇼크는 컸다.

사장은 검토회에도 반드시 참석해서 개혁안의 시비, 그리고 그 진행 상황을 지켜보았다. 밤 늦게까지 이루어지는 진지한 토론을 통해 세일즈맨의 의식은 완전히 변했다. 사장의 단 한마디에 의한 의식개혁의 단행은 효과가 있었던 것이다. 그후 그 회사에서는 대개혁이 진행되었으며, 지금은 다시 태어난 업무 방식으로 약진하고 있다.

사무실에서 나온 60톤의 쓰레기 | 위의 예에 나온 사장만큼 강경하고 추진력 있는 다른 회사의 상무 이야기를 해볼까 한다. 내가 사무의 개혁에 관한 이야기를 했을 때 책임자였던 상무는 "당신의 이야기를 듣고 우

리들이 먼저 무엇을 해야 하는지를 잘 알 수 있었다. 조금 기다려 달라. 반 년 후에 당신이 말한 방법을 해보겠다"라고 약속했다.

그 이후 상무는 곧바로 본사의 사무직 과장 200명에게 "서고, 책꽂이, 로커에 있는, 회사에 불필요한 서류를 정리하고, 물심양면의 정리, 정돈을 하자"고 말했다. 그로부터 두 주가 지난 후 전원이 총점검을 해서 불필요한 서류를 폐기했는데, 그것이 약 1톤이 나왔다.

그런데 그는 거기에 만족하지 않았다.

"겨우 1톤일 리가 없다. 이런 낮은 의식으로는 곤란하다. 다시 한번 하자. 이번에는 방법을 조금 바꾸는 게 좋겠다. 앞으로 매일 업무를 할 때 서고, 책꽂이, 로커에서 필요한 파일을 꺼내 업무를 한다. 그리고 하루의 업무가 끝났을 때, 그 파일을 제자리에 돌려놓지 말고 책상 위에 둔다. 다음날은 또 다음날대로 필요한 파일을 꺼내 책상 위에 둔다. 그렇게 하면 책꽂이에 남은 파일은 한 번도 사용하지 않았다는 것을 알 수 있다. 이런 과정을 삼 개월 거치고 삼 개월이 지난 후 남은 파일은 전부 처분하도록 하자."

그로부터 삼 개월 동안은 큰 소동이 일었다고 한다. 필요한 서류를 찾을 수가 없다는 불만의 목소리에도 상무는 완고하게 자신의 말을 밀어붙이면서 타협하지 않았다고 한다. 그리고 삼 개월이 지난 어느 날, 상무는 총무 부장, 과장 등과 함께 접착 테이프를 들고 사무실을 돌면서 문을 고정시키기 시작했다. 그것을 본 다른 직원들이 물었다.

"상무님, 무엇을 하는 것입니까?"

"한 번도 사용하지 않아 책꽂이에 남아 있는 서류를 버리려고 하네."

깜짝 놀란 직원들이 상무를 붙잡았다.

"상무님, 기다려주십시오. 다시 한번 보게 해주십시오."

"그건 안 되네. 그것을 허락하면 나무아미타불이니 말일세."

상무는 직원들의 요구를 무시하고 서류를 과감하게 버렸다고 한다. 그 서류의 총량은 60톤. 빈 서고와 로커,

책꽂이가 200개에 달했다고 한다.

그로부터 모두는 매일 '상무님이 엄청난 짓을 했다. 필요한 서류가 없어서 곤란하다'고 불만을 토로했지만, 상무는 "그깟 일로 우리 회사가 무너지겠는가"라며 상대도 하지 않았다고 한다. 그리고 실적은 계속해서 올라갔다.

이해는 하지만 납득한다고 하는 것이 얼마나 어려운가를 알려 준다. 그 단계가 지난 후, 본격적인 합리화는 실로 빠르게 추진되었다. 그것은 전원이 이해에서 납득의 세계로 들어선 후였기 때문이다.

위에서 예로 든 바와 같이, 의식개혁에는 시간이 걸리더라도 하나하나 끝까지 하는 타입, 먼저 대표가 리더십을 발휘해서 강력하게 해나가는 타입 등 여러 가지 방법이 있다. 그 둘의 방법이 많이 달라 보이지만 근본적인 목표는 모두 정신과 습관까지 바꾼다는 것으로 서로 일치한다.

개혁은 현상 부정에서 시작한다

경영자가 늘 깨어 있어야 하는 이유 | 과감한 개혁을 행동으로 옮기기 위해서 기업의 간부는 리더, 책임자로서의 마음의 구축이 필요하며, 이를 위해서는 먼저 이념이나 철학을 확실하게 지니고 있어야 한다. 그 다음에야 비로소 구체적인 행동으로 옮길 수 있는데, 주어진 과제 해결에 자주 이용되는 행동은 관계자 전원을 소집해서 오리엔테이션을 하고 사상을 통일시키는 방법이다. 물론 이것으로도 약간의 개선 효과는 있을 것이다. 그러나 확실한 개혁으로는 전개되지 못한다는 것을 알아 두어야 한다. 의식개혁은 기업으로서 상당한 고통을 동반한다는 각오를 해두지 않으면 안 되는 중요한 사항

인 것이다.

그러면 어떻게 행동해야 하는지를 나의 오십 년의 개선, 개혁의 경험을 토대로 이야기해 보겠다. 개혁 성공을 위한 공통된, 최초의 두뇌적 행동은 현상을 명확하게 부정하는 것부터 시작한다. 현상 부정이란 말 그대로, 지금의 방식이 올바르지 않다고 생각하는 것인데, 이 부분을 출발점으로 하는 것이 바로 첫번째 단계이다. 간단해 보이지만, 모든 것에 대해 철저하게 현상을 부정하는 것은 실로 어려운 일이다. 그러나 개혁을 하기 위해서는 현상을 부정하는 것이 필수조건이다. 현상 부정은 다른 말로 표현하면 과거와의 절연이다. 이 현상 부정이 이루어져야 비로소 새로운 사고를 시작할 수 있기 때문이다.

그러면 '지금의 방식은 옳지 않다'고 하는 것에 대해서 주변의 가까운 예를 들어 함께 생각해 보도록 하겠다. 가정에서 사용하는 가전제품도 상당히 진보했다. 고속 인터넷 시대를 맞이해서 디지털화도 일반화되었다. 그러나 예전부터 있던 선풍기는 거의 여름밖에 사용하지 않는데도 백 년은 갈 것 같은 좋은 모터가 달려 있다.

그러나 잘 생각해 보면, 백 년을 사용할 수 있다고 해도, 그 때에 과연 가정에 콘센트가 붙어 있을지 의문이다. 예를 들어 세탁기의 세탁조는 앞으로 이삼 년의 수명밖에 남지 않았는데, 모터는 이십 년을 쓸 수 있는 것이 상품으로서 과연 좋은 품질이라고 할 수 있을까? 5톤 트럭에 12톤, 13톤을 실어도 아무렇지 않게 달린다. 그것이 정말로 좋은 설계라고 할 수 있을까? 이처럼 모든 것을 '이것은 안 된다'고 부정함으로써 혁신, 개선이 가능한 것이다.

또한 기업 경영의 어려움으로 다음과 같은 것을 들 수 있다. 어떤 공장에서 생산이 멈췄다. 이유를 묻자 납기가 늦어졌기 때문이라고 한다. 상사는 관계자를 소집해서 납기 관리를 확실하게 하라고 말한다. 그래서 납기 관리가 시작된다. 다시 어느 날, 공장의 생산이 멈췄다. 이유를 묻자, 이번에는 외주로 받은 부품에 불량품이 있어서 라인이 멈췄다고 한다. 그래서 상사는 외주의 품질 관리를 확실하게 하라고 말한다. 이렇게 해서 매년 업무는 늘어간다. 그리고 그것이 습관화되어 버린다. 잘 생각해 보면 많은 기업에서 행해지고 있는 업무 실태는 다음의 과정을 밟는다.

① 새롭게 업무를 만들어내는 것은 상사인 경영자, 관리자들이다.
② 경영자, 관리자는 무의식적으로 지금의 업무를 정당화한다.
③ 부하는 한번 하기 시작한 일은 좀처럼 그만두지 않는다.
④ 그 업무를 명령한 상사는 그만두라고 말하지 않는다.

이런 모습은 아직도 일본의 많은 기업에서 볼 수 있는 광경이다. 이처럼 상부의 경영 이념, 경영 방침, 사업 방침이 지금 시대에 맞도록 정해져 있지 않으면 아무것도 할 수 없다.

중국의 당(唐)나라 태종 황제의 말에 '창업은 쉽지만 수세(守勢)는 어렵다'는 유명한 말이 있는데, 정말 그 말 그대로이다.

모든 일에는 언제나 문제가 있다 | 관리 부문, 업무 부문, 영업 부문, 서비스 부문의 개혁을 행할 때 자주 사용했던 키워드는 '관리, 사무 부분을 절반으로 줄여서 무너진 회사는 없다, 또는 두 과(課)를 하나로 통합했다고 도산한 회사는 없다'는 말이었다. 이렇게 거친 주장을 하는 이유는, '우리의 영업과 기술은 어느 회사보다 부지런하지' '매상이 늘어나지 않는 것은 가격이 높기 때문이야' '우리 구매팀은 어느 회사보다 싸게 구입하고 있어'라는 일본 기업의 3대 주장이 터무니없음을 알려 주기 위해서다. 이처럼 전혀 의식이 없는 기업은 사무 분석을 해서 개선, 개혁을 추진한다고 해도 효과는 전혀 나타나지 않을 것이다.

몽골 제국에 출사해 칭기즈칸의 재상이었던 야리츠소자이(耶律楚材)는, "하나의 이익을 얻는 것은 하나의 해를 제거하는 것에 이르지 못하고 하나를 늘리는 것은 하나를 줄이는 것에 이르지 못한다"는 말을 했다. 끊임없이 변해가는 세상에 뒤지지 않도록 개혁하는 것이 얼마나 어려운지를 잘 알려 주는 말이다.

하지 않으면 안 되는 업무라는 것은 계속해서 생겨난다. 한 사람 한 사람이 현상을 부정한다고 하는 것은 기업으로 말하자면 '지금의 업무 방식은 좋지 않다, 지금의 레이아웃은 좋지 않다, 지금의 조직이나 시스템은 좋지 않다, 지금의 물류는 좋지 않다, 지금의 재고는 좋지 않다…'는 생각을 계속해서 하는 것이다. 이러한 부정이 가능해지면 '새로운 사고'를 할 수 있게 된다. 우선 이 부정이 첫걸음인 것이다.

현대사회에서 사업 개선을 추진하는 것은 회사 전체가 하나가 되어, 기업이나 사회에 있어서도 가치가 있는, 의욕이 생기는 업무를 창조하고 회사를 활성화시키려고 하는 것이다. 따라서 여러 가지 문제를 극복하기 위해서라도 현상을 부정하지 않으면 안 된다.

도겐 선사의 말 중에, '도를 배우는 것은 자기를 배우는 것이며 자기를 배우는 것은 자기를 잊는 것이 된다'는 가르침이 있다. 중국 근대의 사상가인 후스(胡適 1891~1962)도 사상에 대한 책에서 '의식 구조를 타파하기 위해서는 먼저 현상 부정을'이라고 설명하고 있다. 이처럼 '지금의 방식이 최고가 아니다'라고 생각하는 것에서부터 개혁이 시작된다.

원점에 서서 목적을 생각하라

목적을 찾으면 방법이 보인다 | 기업 혁신을 이루려면 부분적 개혁이 아니라 근본부터 생각을 바꾸는 개혁을 지향해야 한다. 경영 체질을 개혁하는데다가 더더욱 상위에 있는 중요한 사항을 대상으로 하는 일이 많기 때문에, 지금까지 어디에서든 행해지던 개선의 연장으로 취급해서는 안 된다. 전체적인 개혁이라는 것을 모두가 숙지해야 한다.

미국 경제지에서는 이미 "업무 프로세스를 철저히 효율화하라. 기업들이 자사에 남겨야 할 기능은 전략과 브랜드이다. 나머지는 전부 아웃 소싱으로 가라"라는 이야기가 일반화되어 있다. 일본의 유력 경영자 단체에서도 IT 재검토 목소리가 높아지고 있다. 경영의 참된 힘을 결집하기 위해서는 경영 측면의 전략과 시스템 측면의 기술이 진정한 일체화를 이루어야 하며, 그때에 비로소 기업의 대단한 힘이 창출된다는 것이다. 그들은 지금의 IT는 정보처리에만 그치며, 이래서는 IT 혁명이 되지 않는다고 목소리를 높인다.

또 어느 기업에서는 조직이 목표하는 과제 달성에 지장을 주는 요소를 철저하게 없애기로 했다. 특히 난관이 되는, 작업 공정의 허용량을 초과한 개선 노력은 과잉 재고나 도중하차 업무를 늘릴 뿐이므로 지금까지의 부분적인 최적안에서 벗어나 전체 최적안을 향해 달려가기로 했다.

이는 평소 기업 활동 중에서 목적의식을 잃은 채 행동하는 경우를 지적하고 있는 목소리이다. 즉, 가장 중요한 목적을 생각하지 않은 채 기업 활동을 해왔던 것이 기업의 혁신을 방해해 온 요인이라는 것을 이제야 깨달은 것이다. 무슨 일에 있어서든 목적을 먼저 생각하고 행동한다는 것은 모든 행동의 출발점이다.

그런데 인간이라는 것은 안타깝게도 어느 샌가 풍습, 습관, 타성에 휩쓸리기 마련이라 원점으로 돌아와서 다시 생각하는 것은 종종 잊는다. 목적을 올바르게 인식하지 못하기 때문이다. 알기 쉬운 예를 들어 이야기해 보자.

어느 운송회사의 이야기인데, 그 회사의 운전사는 매일 보고서에 타이어 펑크 유무를 기입해야 한다. 그런데 이상하지 않은가. 아무리 펑크에 대한 통계를 낸다고 해도 내일 생기는 펑크가 줄어들 리는 없다. 펑크 유무를 매일 기입하는 것 자체가 쓸 데 없는 일이라는 소리다. 운전사들이 잠깐이라도 무슨 목적으로 행동하는지를 스스로에게 물었다면 펑크 기입이 무의미하다는 것을 알 수 있었을 것이다.

다른 예를 들어 보자. 어느 단조 공장에서는 무더운 여름날 작업자를 향해 에어컨 송풍구를 두어 조금이라도 시원하게 작업할 수 있도록 했는데 좀처럼 효과가 없었다. 더워지면 몸을 식히며 쉬엄쉬엄하느라 작업 효율은 별로 오르지 않았다. 뭔가 좋은 방법이 없겠느냐고 나에게 묻기에 "목적이 뭡니까?"라고 물으니 "냉풍을 쐬게 하는 것"이라는 대답이 돌아왔다. 나는 그것이 아니라 그 목적은 "시원하게 작업할 수 있는 것"이라고 했다. 방법이 하나 있는데, 작업자에게 주머니를 많이 달아 거기에 인체를 차게 하는 기구인 아이스논을 넣어 작업하면 어떻겠냐고 말했다. 테스트 결과 대성공이었다.

이제 와서 새삼 말할 것도 없는 얘기일지 모르지만, 예부터 내려오는 말 중에는 '기본으로 돌아가라' '원점으로 돌아가라' '원점에 서라' '초심을 잃지 마라' 등 수많은 명언이 있다. 일을 하고 개혁해 가기 위해서는 한 번은 이렇게 원점으로 돌아가 생각하는 것이 필요하다. 외국인에 비해 일본인은 조직, 제도, 관습, 방법, 수단 등에 너무 얽매여 있어서, 본질을 추구하고 목적을 향해 행동하는 가장 중요한 점이 뒤떨어져 있어 안타깝다.

목적 연구와 작업 연구는 다르다 | 다음으로 중요한

것은 목적과 수단과 역할을 명확하게 나누어 문제를 파악하는 것이다. 기술론으로 다소 깊이 들어갔지만 중요한 부분이므로 말해 두고 싶다.

지금으로부터 한참 전의 이야기다. 미국 국방성에서 VE(Value Engineering)에 관한 필름이 들어왔을 때 나는 VA(Value Analysis)/VE*를 지향하는 사람들과 이 필름을 보았다. 나 이외의 사람은 이 필름을 보고 크게 감동했으나, 나는 혼자만 다른 주장을 했다. 그것은 유명한 쥐덫 이야기이다. "쥐덫의 기능은 무엇입니까"라는 질문에 대해 "쥐를 잡는 것"이 아니라 "쥐를 죽이는 것"이라고 국방성의 VE 전문가가 대답한 것이었다.

이에 대해 내가 주장한 것은 "이건 대답이 되지 않는다. 쥐덫의 '목적'이 쥐를 죽이는 것이고, 그렇게 하기 위한 '작업'의 하나(기능)로 쥐를 잡는 것이다. 하지만 이 필름에서는 목적과 작업이 구분되어 있지 않다"는

---

* VA/VE : 1947년 당시 미국 최대의 전기회사인 GE(General Electric)의 구매과장 마일즈(L. D. Miles)에 의해 VA(Value Analysis, 가치 분석)라는 이름으로 창안되어 1954년 미국 국무부가 이를 도입하면서 VE(Value Engineering, 가치 공학)로 개칭했다. 미 국무부는 군과 거래하는 모든 기업이 VE를 도입토록 유도하여, 미국 전 산업계에 보급되었다. 우리나라에는 1960년대 가전업계가 도입을 시작했고 이후 여러 기업으로 확산되었다. (역주)

것이었다.

나는 VA/VE는 목적에 입각해서 개혁안을 전개하는 (신제품 개발) 면과, 작업에 입각해서 개혁안을 전개하는 방법(현 제품 개량 또는 개선)의 두 가지가 있다고 이분론을 펼쳤다.

목적을 추구하고 발전시키는 것과, 작업을 추구하고 발전시키는 것은 그 범위와 활동이 전혀 달라진다. 예를 들어 증산을 하게 되어 현재의 인원으로는 감당할 수 없는 사태에 부딪친다면, 먼저 그 목적을 생각하고, 목적이 '노동력을 확보한다'는 것임을 확인하여 그러기 위해서는 어떻게 해야 하는가를 생각하는 방법과, 작업 연구의 관점으로 '사람을 채용한다'로 나아가는 방법은 결과가 자연히 달라질 것이라는 말이다.

목적 연구는 더욱 뛰어난 새 시스템이나 현재와는 전혀 차원이 다른 새 업무 개발로 연결되는 데에 반해, 작업 연구는 그 작업을 하는 다른 대체안을 선택하게 된다.

불가능은 없다

불가능을 가능하게 하는 동식물 | 나는 개혁, 개선의 인생을 오십 년간 살아 왔다. 그 오십 년을 지탱해 온 정신은 '불가능을 가능하게 한다'는 철학이었다. 인간이 다른 동물과 다른 점은 오늘보다는 내일, 내일보다는 모레가 더 좋기를 바라는 것이며, 바로 그것이 만물의 영장이라 불리는 이유이다. 그러나 곰곰이 생각해 보면 동물조차도 의식개혁을 동반하면 확실하게 살아남을 수 있다. 그것이 인간 이상일 경우도 있다.

'뜨거운 물 속의 개구리' 일화가 있다. 살아 있는 개구리를 물이 들어 있는 커다란 냄비에 넣고 천천히 시간을 들여 온도를 높이면, 사람들이 목욕을 할 때처럼 따듯해짐에 따라 기분이 좋아져서 가만히 있는다. 그러는 동안에 물이 뜨거워져도 개구리는 그대로 움직이지 않고 있다가 결국은 죽게 된다. 그러나 다른 개구리를 따뜻한 물이 들어 있는 냄비에 넣으면 깜짝 놀라서 뛰쳐나온다. 온도 차이라는 환경 변화에 놀라서 의식개혁이 행해졌기 때문일 것이다.

개구리에 국한된 이야기가 아니다. 불가능이라고 생각되는 일을 가능하게 해서 살아가는 동물이 있다. 예를 들어 말벌에 관한 이야기를 해보자. 어느 대학 교수가 말하길, 말벌은 날개가 작고 몸이 무겁기 때문에 항공역학에 따르면 날 수 없다고 한다. 즉, 중력을 이길 수 있는 장력(張力)이 나오지 않는다는 얘기다. 그러나 말벌은 날고 있다. 왜일까? 그 이유를 교수에게 묻자 그는 웃으며 대답했다.

"말벌은 산수를 모르기 때문입니다. 만약 말벌을 모아 산수를 가르치고 날 수 없는 이유를 납득시키면, 그 이후로는 날 수 없게 될 걸요."

진정한 답은 말벌에게 물을 수밖에 없다.

또한 수련에 관한 글을 읽고, 화가 모네가 사랑한 수련도 인간 이상이었다는 생각이 들었다. 그 내용은 대체로 다음과 같다.

"이 꽃의 줄기는 처음에는 똑바로 위를 향해 뻗다가 꽃봉오리의 머리 부분이 수면에 이르면 줄기가 기울면서 일단 물속에 잠긴다. 그렇게 해서 다시 머리를 쳐들어 수면 위로 나타나고, 성숙한 꽃부리를 피운다고 한다. 즉, 처음에 먼저 수면의 위치를 측정하고 확인한 후, 개화 준비에 들어간다는 것이다. 수면의 위치를 찾아낸 후에 머리 부분을 깊숙이 잠기도록 하면 어떻게 될까. 꽃에게는 미안하지만, 실험해 볼 가치가 있을 듯하다."

내가 아는 사람 중에, 그와는 반대로 수면을 낮춰보면 어떻게 될까 실험한 자가 있었는데, 비스듬히 기울기는 했지만 무사히 수면에 꽃을 피웠다고 한다. 수련은 스스로 정보를 구하고 계획을 세워 행동하며, 변화를 체크해서 행동을 수정해 간다. 이는 관리의 원칙을 지킨 실행이다. 수련은 매년 그러한 반복을 하며 살아가고 있다. 인간은 관리의 원칙을 의식하지 않아도 살아갈 수 있지만 수련은 과거의 단순한 복제만으로는 살아갈 수 없는 것이다.

다른 예로, 개미도 컴퓨터는 사용할 수 없지만 다수의 집단 속에서 빠르게 정보를 전달해 가며 생활하고 있다. 기업에서 흔히 '보고도, 연락도, 상의도 없다'는 말을 듣는 사람보다도 확실하게 일하고 있는 것이다. 동식물들의 이러한 질서정연한 관리 체계가 불가능을 가능하게 한다. 그들은 불가능한 이유를 끊임없이 타파해 나간다. 물론 기업에도 그러한 용기 있는 사람들이 있다.

해보기 전까지는 절대로 포기하지 말라 | 내가 첫번째로 들고 싶은 사람은 무기 설계자이다. 무기 설계자는 서로 모순되는 조건을 극복해 간다. 탱크는 갑판을 튼튼하게 해서 탄환이 튕겨 나가게 해야 한다. 그러나 무턱대고 두껍고 튼튼하게만 만들면 무거워져서 속도가 늦어진다. 반드시 가볍게 만들어야만 한다. 따라서 어떻게 하면

가벼워질까를 생각하고, 빠르게 달릴 수 있는 방법을 생각해야 한다. 이 모순을 어떻게 양립시킬까를 늘 고민하는 것이 기술자의 업무다. 우주 개발도 이런 노력에 힘입어 발전하는 것이다.

일반 기업에도 전문가들이 존재한다. 그러나 개선, 개혁을 진행함에 있어서 먼저 걸림돌이 되는 것은 바로 그 전문가들이다. 그들은 '그런 일이 가능할 리가 없다'고 말하곤 하기 때문이다. 경영자라면 어떻게 해서든 그러한 사람들의 생각을 하나하나 타파해나가는 것이 중요하다.

'LADY 80's'라는 광고로 유명한 회사의 이야기를 해보자. 그 회사에서 사원들이 모여, "내년은 'LADY 80's'라는 이름으로 히트 상품을 만들어 보자, 그 광고에 세계의 톱 레이디를 이용해 보자"라는 이야기가 나왔다. 세계의 톱 레이디는 누구일까. 모두들 이야기를 나누는 동안에 당시의 영국 총리였던 마가렛 대처야말로 가장 어울리는 사람이라는 안이 나왔다. 반짝이는 아이디어였지만 대상이 대상이니만큼 부정적인 의견을 피할 수 없었다.

"일국의 총리가 민간 회사의 광고에 나올 리가 없죠."

"그건 그렇지요."

그렇게 그 안이 부결되려는 순간, 정반대의 의견이 나왔다고 한다.

"아직 부탁해 보지도 않았는데 안 된다고 하는 것은 말이 안 됩니다. 진지하게 부탁해 보는 게 어떨까요?"

그 말에 용기를 얻은 직원들이 어렵사리 영국 대사관을 통해 부탁했다고 한다. 그리고 대처 총리는 "좋습니다. 나가보죠"라며 승낙했다. 그 포스터는 크게 히트를 쳤다. 모두가 접으려는 순간 반대 의견을 제시한 직원의 덕이었다.

이런 이야기도 있다. 한 방송국의 '황거(皇居)' 방영에 관한 이야기이다.

12월 말일, 제야의 종이 울린 이후에 방송될 프로그램 편성에 관한 이야기로, 방송국 내에서 신년에 어울리는 프로그램은 무엇일까, 딱히 떠오르는 것이 없어 고민하던 중이었다. 누군가 황거를 방영하는 신선한 프로그램은 어떨까 하는 의견을 냈다.

"좋은 의견이지만, 정월 초하루에 천천히 휴식을 취하고 있으신 폐하에게 송구스러운 얘기가 아닐까요. 이튿날에는 궁중참하(宮中參賀, 새해에 궁중에 가서 축하의 말이나 글을 올리는 일)도 열리고요. 일단 궁내청의 허가가 내려지지 않을 겁니다."

"부탁해 보지도 않고 안 된다고 결정하는 것은 안 되죠. 일단 궁내청에 부탁해 보는 것부터 시작합시다."

부정하는 말에 맞서 강력한 의견이 제기되었다. 실제로 궁내청에 부탁한 결과 조금 시간이 흐른 후, 촬영을 해도 좋다는 허가가 내려졌다. 그래서 다른 방송국에서 모르도록 신중하게 촬영하고 정월 이른 아침에 황거를 방영해 업계를 깜짝 놀라게 했다고 한다.

이처럼 가능한지, 불가능한지는 해보지 않으면 알 수 없다. 많은 전문가나 상식적인 사람들은 언제나 '불가능하다'는 것만 말한다. 중요한 것은 무엇이든지 해보는 것이 우선이라는 것이다. 해보면 가능한 일이 상당이 많다. 나는 그렇게 생각한다. 그것은 나의 경험을 통해 말할 수 있는 진실이다.

강력한 리더십을 최후의 최후까지

경영자의 리더십은 기업의 생사를 좌우한다 | 진언종(眞言宗)의 개조 고호(弘法 774~835) 대사가 일본 최초의 사립학교 슈게이슈치인(綜藝種智院)의 개강식에서 "사물의 흥망은 반드시 사람에 따르며, 사람의 흥망은 그 정해진 길에 있다"라는 유명한 말을 했다. '정해진 길'이란 그 말 그대로 목표의 설정과 달성이다.

경영 관리를 하는 리더는 오랜 시간에 걸친 개혁에의 싸움에서 계속 승리하기 위해 경영 존속의 관점에 입각해서 끊임없이 개선, 개혁해서 기업의 체질을 바꾸어야 한다. 더불어 시장 경쟁을 받아들여 그것을 토대로 새로운 가치 창조의 원천이라는 '정해진 길'을 나아가지 않으면 안 된다.

그러기 위해서는 힘 있는 경영 담당자, 활력적이고 신선한 경영자, 관리자가 요구된다. 그러한 요구를 이뤄내는 리더는 전략적으로 풍부하고, 용기 있게 구조 개선을 단행할 진취적인 기상을 갖고 있어야 한다. 일반적인 관리직 이상의 관리 능력이 있으니까, 또는 매일의 경영 과제를 책임지고 완수해내고 있다고 하는 정도로는 현대사회를 살아갈 수 있는 경영의 책임자로 임명할 수 없다. 물론 그러한 정도로 임원으로서의 책임을 다하고 있다고 생각하는 임원은 일본의 기업 어디에도 없지만 말이다.

모든 역경을 견뎌내고 그 중책을 완수하는 경영자의 마음을 지탱하고 있는 것은 무엇일까. 그것은 경영의 한쪽 날개를 담당하고 있다는 자부심, 책임감, 인간으로서의 자긍심과 그들이 갖고 있는 비범한 정신력에 있다.

목표한 대로 성과가 나지 않는 기업에서 알 수 있는 것은, 첫번째로 그 노하우, 기술력이 미숙해서 좋은 결과가 나오지 않는다는 점이다. 두번째는 그 대응하는 자세, 특히 약한 리더십에 기인하고 있는 경우가 많다. 이를 확실히 개선하려면 다음과 같이 해야 한다.

- 무엇을 결정해서, 언제까지 무엇을 할 것인지 명확하게 한다.
- 결정한 것을 계속해서 실천해 간다.
- 좋은 결과가 나오지 않을 때에는 다른 방법으로 바꾸어 간다.
- 더욱더 개선, 개혁한다.
- 그리고 시작한 일은 멈추지 않는다, 끝까지 관철시킨다.

기업 활동의 대부분은 참가자의 의향을 존중하고 민주적으로 행하는 것이 기본이지만, 그것은 어디까지나 일반적인 원리, 원칙의 범주 내에서다. 경쟁 사회에서 살아남기 위해서는 재빠른 판단, 결단, 행동, 성과라고 하는 스피드가 중요한 키워드가 된다. 각각의 개인이 어떻게 자신의 의사를 표시하고 타인의 의견을 이해하고, 그리고 교섭하는가. 강경함과 유연함이 적절하게 섞인 사고로 그 과제를 신속하게 결론짓지 않으면 적절한 개혁 활동이라고 할 수 없다.

타사에 지지 않는 처리 속도가 전체 성과를 올리는 근본적인 요인이라면 그룹 활동을 리드할 수 있는 리더의 능력과, 추진해 가는 힘이야말로 조직 활동 전체의 업적을 좌우하는 열쇠라고 생각한다. 여기서 생각할 수 있는 것은, 민주적인 형태를 취하면서도 재빠르게 그룹의 결론을 유도할 시나리오를 작성하는 힘과 그 리더십의 발휘 방법이다. 강한 리더십이란 한마디로 다음과 같은 것이다.

- 불가능한 이유를 대지 않는다.
- 어떻게 하면 가능할지만을 생각한다.
- 시작한 일은 멈추지 않는다,
  도중에서 절대 포기하지 않는다.
- 최후의 최후까지 해나간다.

경영 개혁의 모든 활동에 있어서는 그 목적과 목표를

향해 나아가는 동안에 일어나는 다양한 난관을 어떻게 극복하며 관계자를 설득시키는지, 어떻게 사람들의 의욕을 고취시키는지가 중요하다. 그것을 위해서는 달성에 이르게 하는 끈기, 강한 정신력이 필요하다. 그것이 지금처럼 강하게 요구되던 시대는 없었다.

기업 개혁은 강인한 리더십으로 | 경영학에 자주 인용되는 일본 육군사관학교의 교재에는 '전쟁에 이기는 것은 장군이 승리를 믿는 것에서 시작된다. 그 장군에게 필요한 성격은 실로 강인하고 굳은 의지와 그 실행에 있다'라고 나와 있다. 이 말 중에서 특히 나의 마음을 울린 것은 '그 실행에 있다'는 부분이다.

구체적으로 말하자면, 예를 들어 도요타 자동차의 생산관리 방식으로 유명한 'Just In Time' '간반(看板)'이라 불리는 방식이 있다.

일본, 아니 세계의 산업계에서도 유명한 생산방식으

로 도요타를 일본 제일의 자동차 회사로 만든 방식인데, 이 방식의 이념인 'Just In Time'은 지금은 세상을 떠난 오노(大野) 부사장이 총 리더가 되면서 완성시킨 것이다. 쉽게 말하자면, 차를 만들 때 그 리드 타임(lead time)이 너무 길어 재료, 부품, 제조 공정에 있는 물품, 재고가 많아지고 비용이 높아지니 그것을 개선하자는 것이다. '필요한 것이, 필요한 때에, 필요한 양만큼 있으면 된다. 그 이외의 것을 없애라. 그렇게 하면 리드 타임이 단축되고 비용은 낮아지게 된다'는 방식이다.

예전에 내가 도요타를 방문했을 때, 오노 부사장을 만나서 "간반 방식은 잘 진행되고 있습니까"라고 묻자, "한 사람 한 사람의 작업자까지 철저하게 만드는 것이 정말로 힘이 듭니다"라며, 그 고충을 이야기해 주었다. 그 중 하나의 예가, 아직도 나의 머릿속에 남아 있다.

오노 씨가 현장에 나가 제조 공정 상태를 조사해 보니, 아직도 공정 과정에 있는 것이 많아서 그 이유를 다시 조사해 보았다. 대다수의 작업자들은 정해진 숫자를 지켜서 업무를 하고 있었지만, 그 중에는 일에 쫓기지 않도록 시간보다 빨리 부품을 만들고 다음 공정으로 가지고 가서 그곳에 쌓아 놓는 사람들이 있었다. '이런 것이 바로 안 되는 것이다'라며 부사장은 먼저 부품을 놓는 장소를 없애도록 했다. 그러나 작업자들은 발견되지 않을 장소를 찾아서 그곳에 놓아 두는 방식을 선택했다. 부사장은 그 작업자에게 "당신은 아무리해도 고쳐지지 않는군. 이렇게 되면 다른 사람들의 공정 중에 있는 제품이 계속 남아 있게 된다. 당신이 만든 것은 없어질 때까지 손에 들고 있도록"이라고 말하고 기다리게 했다고 한다. 부품을 몇 분씩 손에 들고 있는 행위는 의외로 힘이 많이 든다. 때문에 작업자들은 이삼 분이 지나면 부품을 바닥에 내려놓으려고 한다. 그것을 본 부사장은 이렇게 말했다.

"그런 식으로는 공정 중인 재고가 없어지지 않는다. 당신이 갖고 있도록 해라. 무거워서 괴로울 것이다. 정말로 힘들지 않으면 고쳐지지 않기 때문이다."

작업자들이 마음속 깊이 잘못했다는 것을 깨닫도록 한 것이다. 그렇게 하자 재고나 공정 중인 제품이 100퍼센트 없어졌다고 한다. 그런 방식은 과거 독일의 철혈 재상이라고 불렸던 비스마르크와 똑같다고 말하는 사람도 있지만, 올바른 선견지명은 훌륭한 업적을 남겼다. 그의 일화는 '최후의 최후까지 해낸다'고 하는 것은 이러한 것이다, '이렇게 하면 할 수 있다'는, 리더십의 한 가지를 가르쳐 주고 있다.

경영 이념이나 그 이론은 얼마든지 멋지게 말할 수 있다. 경영 방침이나 경영 계획은 얼마든지 만들 수 있다. 사업 계획이나 이익 계획도 유능한 직원이 있으면 멋지게 만들 수 있다. 그러나 과연 그것들을 실행할 수 있는가, 없는가가 중요하다. 모든 것이 실행에 걸려 있기 때문이다.

기업 개혁을 위해서는 먼저 강인한 리더십 아래에 종업원들이 총력을 발휘하고 경영 측이 그것을 받아들이는 협조 체제가 필요하다. 그리고 '최후의 최후까지' 해내는 과정에 동반하는 서로 간의 마음의 고통을 넘어설 때라야 비로소 기업 개혁은 성공한다.

| 에필로그 |

이 길을 걷는다

내가 좋아하는 시 가운데 야마무라 보쵸(山村暮鳥 1884~1924)의 「인간의 승리」라고 하는 시가 있다. 그의 시는 하늘의 계시를 향한 강렬한 갈망과 실존 탐구에 대한 광적인 열정으로 사람의 가슴을 적시는데, 실제로 그러한 인생을 살았던 사장님이 계셨다. 생전에 모란을 좋아하셨던 분이기에 나는 정원에 모란이 가득 피면 늘 그 분을 떠올리고, 생애를 거쳐 이루었던 그 위업과 유덕(遺德)을 기린다.

그 사장님은 과거에 적자 경영의 회사를 떠맡고는 그 회사를 소생시키기 위해 안팎의 모든 고난에 견디며 기업의 총력을 결집하기 위해 쉬지 않고 수단을 강구했다. 그리고 훌륭한 위업을 남긴 것도 잠깐, 사장으로 재직하던 중 거목이 쓰러지듯 훌륭한 최후를 마쳤다. 예전에 그 사장님과 천천히 이야기를 나눌 수 있는 기회를 얻게 되어, 성공의 비결에 대해서 물었더니 이런 답변을 해주셨다.

"인간은 운이 좋을 때는 커다란 일을 해낼 수 있습니다. 그러나 운이 없을 때는 고삐를 바싹 죄고 괴로움을 이겨내야 합니다. 이때 회사 전체가 하나가 되어 모든 지혜를 짜내는 것이 중요합니다. 진정한 조직의 힘은 바로 사람들의 마음의 결집에서 생겨나는 것입니다. 그러나 아무리 좋은 조직을 만들어도 그것을 누구에게 맡길 것인가가 커다란 문제이지요. 그래서 저의 가장 큰 관심사는 늘 인사(人事)였습니다. 인사를 다른 사람에게 맡길 수 없었습니다. 늘 제 눈으로 확인하고, 스스로 납득한 후 행했습니다. '좀 더 권한을 위임하라'고 말하는 간부도 있었지만, 활동 범위를 알맞게 조절해 주기 위해서는 다른 사람에게 맡길 수 없었습니다. 그로 인해 많은 고민과 괴로움이 끊이지 않았지만, 그 성과가 결실을 맺었다고 생각합니다. 사토 선생님의 회사는 사람 자체가 상품이기 때문에 그 고민이 더욱 크겠죠."

당시의 우리 회사는 아직 작은 규모였기 때문에 괴롭다고 생각한 적은 없었지만, 사원이 이백 명이 넘게 된 지금은 그 무게가 어깨를 누른다. 이성으로 살아가는 사람, 감성으로 살아가는 사람, 자연과학을 좋아하는 사람, 사회과학을 좋아하는 사람, 체계적으로 문제를 잘 처리하는 사람, 즉각적인 처리를 잘하는 사람, 혼자서 일을 잘 처리하는 사람, 다른 사람의 힘을 잘 결집시켜서 조직적으로 일을 진행하는 사람 등등, 다양한 직원들이 모여 있다. 말 그대로 백화요란(百花燎亂)하다. 그리고 나는 매일 고심하고 있다. 직원들도 마찬가지로 고심하고 있다. 그것은 서로가 잠시도 태만해질 수 없기 때문이다. 나는 그 사장님 같은 역량은 털끝만큼도 가지고 있지 않다. 그러나 아무리 힘든 고민이 있다고 해도 나는 이 길이 좋다. 좋아서 선택한 인생이다. '어리석지만 흔들림 없음'인 것이다.

인간의 승리

인간은 모두 괴로워하고 있다
무엇이 그렇게 그대들을 괴롭히는가
정신을 차려라 인간의 강인함으로 살아가라

괴로운가 괴로움 그것이 우리들을 훌륭하게 만든다
보아라 산 정상의 노송을
그 가지 끝이 강풍을 가르고 있는 것을
그 소리의 애처로움 그 소리가 인간을 격려한다
인간의 육체에 파고드는 그 예사롭지 않은 소리
무엇이 그대들을 괴롭히는가
자신도 그렇게 괴로워하고 있는 것이다
고통을 즐겨라 인간의 강인함에 서서 치욕을 알아라
그리고 쓰러지는 순간이 오면 미소 지으며 쓰러져라
인간의 강인함을 보이며 쓰러져라
모든 것을 있는 그대로 가만히 응시하고
거목처럼 쓰러져라
이래도 이래도냐며 무거운 고통
무거운 것이 무엇이든 숨이 끊어지더라도
아니라고 말해라
완고해라 그것이야말로 인간이다

시집 『바람은 초목에게 속삭였다』 중에서

옮긴이 **박정임**

경희대학교 철학과를 졸업하고 일본 치바대학 대학원에서 일본 근대문학 전공으로 석사학위를 받았다. 현재 전문 번역가로 활동 중이며 옮긴 책으로 『우편배달부 워커 씨 이야기』『측천무후』『말 많은 이집트 지식여행』『30분을 잡아라』『50세에 발견한 쿨한 인생』등이 있다.

사장의 원점
마음, 인간, 사회를 관통하는 경영철학

초판 1쇄 인쇄 | 2008년 7월 4일
초판 1쇄 발행 | 2008년 7월 11일

지은이 | 사토 료
옮긴이 | 박정임
펴낸이 | 최용범
펴낸곳 | 페이퍼로드

주　소 | 서울시 마포구 연남동 563-10번지 2층
전　화 | 326-0328, 6387-2341
팩　스 | 335-0334
이메일 | paperroad@hanmir.com
출판등록 | 2002년 8월 7일 제10-2427호

ⓒ 사토 료 2007

ISBN 978-89-92920-20-9 03320

책값은 뒤표지에 있습니다.
잘못된 책은 구입하신 곳에서 바꾸어 드립니다.